人 文 中 国 书 系

中国陶瓷

方李莉 著

五洲传播出版社

图书在版编目（CIP）数据

中国陶瓷/ 方李莉著.－2版.—北京：五洲传播出版社，2010.1
ISBN 978-7-5085-1665-3

Ⅰ.中 … Ⅱ.方… Ⅲ.古代陶瓷－简介－中国 Ⅳ. K876.3
中国版本图书馆CIP数据核字（2009）第181059号

中国陶瓷

著　　者　方李莉
责任编辑　张　宏
装帧设计　汤　妮
出版发行　五洲传播出版社（北京市海淀区北小马厂6号 邮编：100038）
电　　话　8610-58891281（发行部）
网　　址　www.cicc.org.cn
承 印 者　北京华联印刷有限公司
版　　次　2010年1月第2版第3次印刷
开　　本　155×230毫米 1/16
印　　张　8.5
字　　数　100千字
定　　价　38.00元

目 录

前　言

陶器的出现，意味着人类对水、火和泥土的征服，是在具备了一定的技术条件下有能力改造物质环境的结果。在陶器产生和应用的过程中，不仅以其形态上的分工标志着人类生活的精致化程度，不断拓展着人类在实用领域的技术与智能，而且最终发展为实用与审美功能兼备的艺术产品。

中国古代著名的历史学家司马迁把中国先民创制陶器生动地概括为“陶于河滨”并“作什器”。陶器的出现无疑大大地提高了人类的生活质量，给人们带来的不仅是物质文明的发展，还有精神生活的丰富。尽管一万多年以前创造早期陶器艺术的先民早已逝去，但他们制作的陶器却为我们留下了远古时代的信息——如果你对历史着迷，并想探究出一件件古旧陶瓷的身世，这些陶器是历史最可靠的见证之一。

距今三千多年前，正是中国的夏商时期（公元前21世纪—公元前11世纪），中国人发现了高岭土，并制作出了美丽的白陶。不久，人们发现并能够配制草木灰釉，加之窑炉烧成温度提高，就在白陶的基础上制作出了最早的原始瓷器。

【陶土】

制造陶器用的原料。多种粉状或土状的矿物集合体，常含有砂粒或粉砂。陶土含有有机物质，呈灰白、黄、褐红、灰黑等色，具有吸水性、可塑性。陶土加水调和后可制成各式器皿。古代泛称制瓷原料为陶土。

东汉（25—220）末年，在中国的浙江，人们用高质量的黏土和瓷石混在一起，烧制出一种可以塑造成型、刻上装饰性图案、绘上图画的坚固的青色半透明体容器——世界上最早的瓷器诞生了。在此之前，虽然几乎所有的早期文明都制作出了陶器，但都还不曾制造出瓷器。东亚地区是受中国的影响才逐步学会了烧瓷，直到18世纪才开始制作瓷器。因此我们可以骄傲地说，中国是瓷器的故乡，瓷器是中国人民献给世界的礼物。瓷器的生产制作既是科技发展到一定水平的产物，也是一种审美观念和文化价值取向的凝聚——青碧如玉的瓷器釉色，迎合了中国人的“崇玉”传统，也体现着中国人讲求“自然天成”的审美趣味。从那时起，青瓷工艺延续至今，而且作为中国瓷器艺术主流的历史达千年之久。

到了宋代（960—1279），中国古典美学精神发展到了极致，在文化的发展和传承上表现出了成熟的理性和自觉意识，就在这个古代汉文化的高峰期，中国的瓷器艺术也进入了前所未有的巅峰期——大江南北瓷窑遍布：布满冰裂纹的汝窑天青釉瓷，紫口铁足的官窑青瓷，金丝铁线的哥窑青瓷，厚如凝脂、美如青梅的龙泉窑青瓷，还有灿如晚霞、变幻多端的钧窑瓷，青白如玉的景德镇影青瓷，天然成趣的建窑兔毫瓷、油滴瓷，洁净似银的定窑白瓷等等，制瓷工艺水平大大提高，并且超越了器物的实用性，而追求造型、质地、色泽、图案的文雅化，更注重审美细节也更具观赏性，充分体现了当时精英阶层生活艺术化的思想。

接下来，在蒙元时期（1206—1368），青花瓷出现了。与元曲出现的文化背景一样，通俗艺术、市民艺术和较为多元的民族艺术风格融入到了制瓷工艺中，虽然还未成为主流，但这种偏爱装饰性的彩瓷所代表的审美倾向已与前代强调自然天成、含蓄内敛的素瓷所代表的美学气质大异其趣。这种艺术风格在其后的明（1368—1644）清（1644—1911）两朝得到了延续和完善，在中外交往范围不断扩大的历史背景下，色泽艳丽、纹饰繁多的彩瓷不仅为中国的皇室所器重，还飘洋过海远销欧美。

中国生产的瓷器，早在宋元时期就出口到了许多国家，元代（1206—1368 ）青花瓷更是专门为伊斯兰国家制作的出口瓷。随着世界地理大发现，越来越多的欧洲商船来到这个他们向往已久的遥远神秘而又发达的东亚帝国，商人们在这里看到了无限的商机，华美的丝绸、口味多样的茶叶、精致的瓷器无不令他们着迷。很多欧洲国家都建起了对东亚、东南亚和南亚的贸易公司，荷兰东印度公司在东方瓷器贸易中起了领头作用。16世纪晚期，由葡萄牙商人从中国出口到欧洲的瓷器供不应求；整个17世纪，随着与中国的贸易不断增多，欧洲上流社会掀起了一股追捧这种异国情趣的瓷器和热衷于饮用中国茶的时尚。可以说，19世纪以前，中国一直是世界上最先进的制瓷大国。今天的人们可以在许多国家的博物馆中看到产自中国的瓷器精品，同时亦不难发现中国制瓷技术的广泛影响。中国瓷器出口促进了中外文化艺术的相互交流和影响，谱写了世界文化交流史和世界经济贸易史的重要篇章。高岭村是中国著名瓷都景德镇附近的一个村庄，这个村庄后面的高岭山从明朝末年起即以出产瓷土闻名于世。直到清代中期，景德镇生产瓷器用的还都是高岭山的瓷土；而这一时期，正是欧洲从景德镇进口瓷器的最盛期。

【高岭土】

瓷胎原料，亦称瓷土，因产于江西浮梁县高岭村，故名。高岭土呈白色或浅灰色，无光泽，有滑腻感，手捏即可成粉末状，干燥后有吸水性，潮湿后有良好的可塑性，系各种结晶岩风化和温热变化后的产物，是瓷胎的重要原料。中国高岭土产地除江西浮梁高岭外，还有江苏苏州、湖南大德岭等。宋代景德镇窑始高岭土制瓷。

从那以后，世界陶瓷业就将所有瓷土通称为“高岭土”，迄今已有两百多年的历史了。陶瓷不仅是人类重要的文化遗产，而且至今仍然以鲜活的形态和浓厚的文化意味装点着现代人的生活。一件形制美、趣味高的陶瓷作品，不仅凝聚着时代科技与工艺的成果，记录着历史生活的点点滴滴，而且往往以方寸之地集绘画、诗文、书法、雕塑于一体，甚至还承载过社会教化的信息与功能，将古与今、中与外、整体与部分、科学与美学融为一体，产生了超乎器巧釉美的审美价值和文化价值，正所谓“使形下之器启示形上之道”。

古陶时代

原始彩陶

在世界所有文明的早期阶段，几乎都经历过一个陶器的时代，最早的中华文明也是如此。在中国早期陶器艺术中，最精彩的就是起源于六七千年以前的彩陶艺术，其中以仰韶文化（大约在公元前5000年—公元前3000年，几遍于华北各地区，而以黄河中游为中心）遗存的以橙红色或棕红色绘有深红或黑色花纹的彩陶最惹人注目，所以仰韶文化也有“彩陶文化”之称。

新石器时代的兽形红陶壶

仰韶文化时期的彩陶图案，是在陶器未烧之前画上去的，烧后彩纹固定在陶器的表面不易脱落，彩绘以黑色为主，兼用红色。有的地区在彩绘之前先涂上一层白色的陶衣作衬底，以使彩绘花纹更加鲜明。彩陶的主要纹饰有花卉图案、几何图案和动物图案。这些图案多装饰在细泥陶钵、碗、盆和罐的口、腹部，而在器物的下部或往里收缩的部分是不施彩的，这种设计与当时人们的生活习惯有一定的联系。因为新石器时代家居条件还相当原始，通常席地而坐或者蹲着，所以彩陶纹饰的部位大都在人们平视最容易看到的地方，再往下因为看不到，也就没有装饰了。

彩陶颜料的成分，经光谱分析表明：赭红彩中的主要着色元素是铁，黑彩中的主要着色元素是铁和锰。白彩中除含少量的铁以外，基本没有着色剂。根据这些分析结果，有学者推断赭红彩料可能是赭石，黑色彩料可能是一种含铁量很高的红土，至于白色彩料可能是一种配入溶剂的瓷土。

陶器的造型既讲究实用又讲究美观，其外形线条流畅、均匀，加上丰富多彩的纹饰，显得优美而充满艺术感。陶器的种类较多，有杯、钵、碗、盆、罐、瓮、盂、瓶、釜、灶、鼎、器盖和器座等，其中以小口尖底瓶最为突出。这些陶器往往由于年代的早晚或地域的差别，在器形和纹饰上表现出一定的差异。

据研究，彩陶的成型方法大致有如下几种：

捏制法

这是最早的手工制陶方法，也是最简便、最容易的方法。这种方式比较粗糙，成型不规则，但方便灵活，因此常被用于制作小型陶塑，而在制作日常器皿时较少使用。

泥片贴筑法

和捏制法一样，也是一种较早使用的手工制陶方法，是用粘湿的泥片在一个类似内模的陶垫外面，一块一块地敷贴成一个陶器形状。一般是从下往上敷贴，至少有两层薄片叠合在一起，有的厚达数层。这种方法成型的陶器，显得非常厚重，形状不太规则，口沿也不太整齐。考古发现和研究证明，在中国距今七八千年以前的新石器时代早期文化中，普遍都是采用这种方法制陶。大约在距今六七千年的时候，泥片贴筑法才逐渐为新兴起的泥条盘筑法所代替。

泥条盘筑法

先将陶泥制成泥条，然后圈起来，一层层地叠上去，并用陶垫、陶拍、陶抹等工具将里外抹平、抵压，仔细加工制成器型。不仅新石器时代的大部分陶器是这

新石器时代的红陶盉，是一种煮食的炊具。

【露天烧陶】

陶器的烧成，早期是在露天烧制的——把晒干的陶坯投放在篝火中去烧，因此很少有完整的陶器，遗存更是罕见。后来人们慢慢懂得将陶坯码在柴草上，四周围上柴草再点火，经过2－8小时烧成。有的还在柴草外抹上一层薄黄泥浆，并留出适当的通风小孔，以免燃烧过快。止火后，在陶器上覆盖一层较厚的草木灰来保温。这种烧法当柴草燃烧时，陶器直接暴露无遗在空气中，由于难控制升温速度，烧出的陶器一般呈红色或褐色，同时，由于烟熏以及草木灰的作用而有局部呈灰色或黑色，因此，此一时期的陶器常常表面颜色不匀，质地也不够坚固。

郑州大河村出土的彩陶钵，高20厘米。

样制作的，就是在现代，某些少数民族地区还在采用这种成型方法。

那时候的制坯，最初可能是放在木板、竹席或篮筐上，以便于移动旋转，有的还垫以树叶，因而器底遗有叶脉的印痕；后来逐渐采用可以转动的轮盘（慢轮），既便于制陶时的盘筑和加印纹饰，又可以利用其旋转修整口沿，使之规整，慢轮修整的结果往往遗有局部轮纹。这种慢轮修整的方法，大致开始于仰韶文化中期。

彩陶的装饰图案非常丰富，常见的纹样有鱼、鸟、蛙、鹿等，还有少量的花卉纹和神人纹。有学者认为，这些纹饰与当时的图腾崇拜有关，在中国古代的神话传说中还可以找到这些地区以鱼、鸟为氏族图腾的痕迹。在半坡类型（距今6800-6300年）的彩陶中，发现一种大口、卷唇、浅腹、圜底的陶盆，这种陶盆大都施黑彩，器身施赭红色陶衣，器内壁用黑彩绘出人面鱼纹和鱼纹各两个，相间排列。人面作圆形，眼以上涂成黑色或空白的三角形状；耳部或作对称的向上弯钩，或饰以两条鱼纹，鱼纹作长三角形，鱼头亦呈三角形，内填圆形眼睛，鱼身以斜方格作鳞；游鱼逐人面，人的嘴角用两道相交的斜线组成，两边各饰一条鱼纹，在鱼的周身用短线或小点装饰。

在黄河中下游地区的陶器装饰中以鸟为主要题材，而在这一地区的文献中也有一些以鸟为氏族图腾的传说和记载。在仰韶文化晚期彩陶图案中，有一种被拉长身体的双头多足鸟，这种鸟纹常常和太阳纹一起出现，表明这种以鸟为图腾的氏族，也许是崇拜太阳的。当时的

【半坡类型】

半坡文化属黄河中游地区新石器时代的仰韶文化，位于陕西省西安半坡村，年代距今约6800—6300年，半坡村的原始居民是定居的，以氏族或部落为单位，建立村落，是一个没有贫富差别的原始社会。

甘肃甘谷地区出土的彩陶瓶，高38.4厘米，口径宽7厘米。

人们将图腾装饰在彩陶上，最大的用意是什么呢？可以设想，随着各个氏族、部落之间的交往越来越频繁，成员常常会彼此融合混杂，难以分辨。图腾标志和图腾名称的存在，使人们可以准确无误地识别群体。陶器作为当时人们的日常用品，其装饰也难免会打上本氏族的某种标记，以便和其他氏族的陶器区分开，这种标记可能就是图腾的标记。

在彩陶艺术中最常见的有两种图案形式，一种是具象写实的，一种是抽象几何形状的，前者出现得较早，后者出现得稍晚。以彩陶中的鱼来说，早期的鱼纹多为单独纹样，鱼的形象刻画得较具体、写实，艺术夸张成分较少，一般饰于陶器外的上部。到了中期，彩陶鱼纹开始向写意发展，鱼头和鱼身由以前不规则的自然形，开始向有规则的几何形转变，增强了鱼纹的装饰性。到了晚期，鱼纹图案更为抽象，并形成了阴纹和阳纹双关的图案花纹，具有很强的装饰效果。

彩陶上的鸟纹也一样，经历了一个由具象到抽象的演变过程。庙地沟类型彩陶的鸟纹单独纹样中有正面和侧面两种，正面的是以一个圆点表示鸟头，以一个弧形三角形表示正在展翅欲飞的鸟的身体，以三条竖线表示这是一种三只足的鸟，后来这三只足也被删去，仅以圆点和弧形、三角形表示正面的鸟形象，使其简化成一种标志性的几何纹饰。侧面的鸟最初比较具象，有点类似一只站立着的飞鸟的剪影，在三角形的头上，以一个圆点表示眼睛，双翅翘起，双腿成平行的两条折线。以后鸟头由三角形变为圆形，身体一笔带过，只是尾巴翘起并分叉，双腿由平行的两根折线变为一前一后的两条竖线。再后来索性省略了双腿和喙，身体变成了一条长的斜线，翅膀和尾巴则成了几条向上翘起的弧线，最后侧面的鸟纹简化成一个圆点和三条弧线。这些由圆点和弧线组成的侧面鸟纹，还演变成由圆点、直线、斜线、月牙形组成的各种连续的几何纹样。在这些几何图案中，虽然鸟的形状完全消失了，但鸟飞翔的动感依然很形象。

在彩陶纹样中，常有一种类似蛙形又类似双手举起叉腿直立的人形纹样，研究者们对此看法不同，有的认为是蛙形图，有的认为是人形图，有的认为是巫师以蛙形图腾模仿青蛙向上天祈祷，也有的认为是一种撒谷播种、具有始祖意味的象征图案。这种类似蛙或类似人的纹样，到后来头部细节被省略掉了，只剩下肢节和爪指，再后来连爪指也被省略了，演变成了连续的有粗有细的折线纹。

在中国的新石器时期（公元前6000—公元前2000年），彩陶纹样的类似变化有很多，而且可以看出，彩陶纹样是有较严格的规定性的——不仅是一种氏族的标志性符号，也不仅是一种用于宗教崇拜的纹饰，应该还具有某些文字表达功能。

河南临汝阎村出土的仰韶文化彩陶缸

通过解读这些原始的彩陶纹样，我们能隐约触及中国哲学思想发展的源头。其他国家原始陶器上的纹饰，除去写实纹样以外，图案中的几何纹样大多作左右对称或分层排列，或作等距定点排列，以静态图案为主。而中国的彩陶图案，则常常是某些动态的格式，多

郑州大河村出土的彩陶壶，高22厘米。

新石器时代晚期的几何纹彩陶盆，高15厘米，口径宽37.3厘米。

陕西西安半坡遗址出土的仰韶文化彩陶盆

以弧线、弧形和圆点组成，具有鲜明的动感特征，并且表现出为一种螺旋式的循环往复。这些旋纹以反复不休循环不已的律动，打破了固定空间的限制。这或许正代表了中华民族的祖先对宇宙、生命最初的认识和体验。

另外，在半坡文化晚期的彩陶中，有许多由阴纹和阳纹构成的双关性图案，它们具有很强的装饰效果，表达了图案互相映衬、虚实相生、对立统一的关系。位于西安附近的半坡遗址是古周人的居地，也是阴阳五行学说兴起的地方，这些地区彩陶上常用阴阳相关的图案大概不是偶然的。在当时的彩陶纺轮上也有许多以S纹做阴阳双关旋转的纹样，这些纹样尽管多种多样，但都是以类似太极图的图形为骨架变化的，其特点就是在一个正圆的二分之一处，画一个S形的线，把圆形的画面一分为二，即分成阴阳交互的两部分，这两部分围绕着一个圆心回转不息。这种运动似乎寓意着天地、日月、男女、上下等一切事物的对立统一。

新石器晚期的彩陶纹是中国最早的大规模几何图案创作时期，这些图案不仅昭示出中国早期文化的丰富内涵，也揭示出当时社会生活的某种次序和规律。同时作为一种造型艺术，这一时期的图案

甘肃临洮出土的马家窑文化彩陶罐，距今5000年。

几乎奠定了以后图案发展的大部分规则，如常见的二方连缀带状装饰，四方连缀散点装饰，以及图案中的对称法则、均衡法则、对比法则、变化统一的法则，单独纹样、复合纹样的创作，点、线、面和黑、白、灰的合理运用等等，可以说达到了中国图案装饰史上的一个高峰。

泥质黑陶

在中国的原始陶器中，除了彩陶，在艺术上和工艺上取得了较高成就的还有黑陶。其出现的时间大约在公元前2000年左右，黑陶是在彩陶基础上发展起来的。黑陶产生的历史背景正是中国由原始社会向奴隶社会转型时期，无论是宗教祭祀还是祖先祭祀，都朝着一种规范化、制度化的方向发展，而社会成员内部的尊卑等级也越来越明显，其政治和经济利益的分配也需要建立一种制度化的行为规范。

在陶土的运用上，黑陶和彩陶一样，用的是优质的细泥质陶土。陶器虽然还用手制，但有些部分已经从彩陶时期的慢轮制作发展到了快轮制作，已普遍使用辘轳车，除了耳、鼻、嘴、流、把、足等附件外，器身一般都用轮制。这样不仅能使器身的造型更加规整，而且使器壁厚薄均匀，甚至制作出了薄如蛋壳的黑陶。黑陶的器面修饰，采用表面磨光的技法，在陶坯将干未干时，用砾石或骨器在表面压磨，烧好后的黑陶表面光亮如漆。

黑陶的出现与烧窑技术及窑炉气氛的改变有很大关系，用含铁质成分多的陶泥造成的陶器，在氧化焰气氛下烧成后呈红色或褐色，在还原焰的气氛下则呈黑色。原始的烧成方式，是当窑火烧到一定温度后，将出烟道堵塞，让窑室里充分缺氧，让陶土里的铁元素还原，最后烧出的陶器由于烟熏和铁元素还原，就变成了黑色。这种烧成方式需要陶窑达到一定温度，技术上要掌握一定的火候。黑陶时期的烧窑技术比以前有了提高，烧窑方式也更加多样。据测定，黑陶的窑炉能达到1000℃的高温，而一般彩陶的窑火则在800℃左右。

距今7000年的河姆渡文化遗址中出土的黑陶盆，高11.7厘米，口径宽17.5厘米－21.7厘米。浙江省博物馆藏。

上海青浦县出土的新石器时代的黑陶瓶，通高25厘米。上海博物馆藏。

由于泥土淘洗得更加细致、使用快轮、陶器表面磨光技术提高，以及烧成采用了还原焰等技术原因，使得黑陶与以往的陶器有了明显的不同：烧成技术的改进，使黑陶的致密度和烧结度都比以前更高，提高了陶器的坚硬度；快轮的运用，不仅使器壁厚薄更加均匀，器形更加规整，而且出现了许多新器型。

良渚文化黑陶壶，高1.5厘米。上海博物馆藏。

烧成技术和成型技术的进步也带来了造型艺术和装饰风格的改变。首先从装饰风格上说，一方面黑陶的黑色表面材质不适合彩绘装饰，另一方面复杂的器型构造也不适合进行彩绘装饰。在实用型的黑陶器物中，大多为素面磨光，这是一种非常典雅、精致的装饰；而除磨光外，还利用快轮辘轳的便利，在器身上划出或堆出凹进去或凸出来的各种弦纹，这些弦纹不仅起到了将器物分割为不同部位的作用，也是一种美丽的装饰，从而构成了黑陶的艺术风格——彩陶时期那种亢奋、激越、充满自由想象的图案装饰，被严谨的、秩序化的、极其规则化的弦纹装饰所代替；那种红黑黄的热烈色调，也被庄重单一的黑色所代替。那些在黑陶器皿，尤其是高足杯上反复出现的充满节奏、旋律、运动的弦纹，表现出一种经过反复提炼的程式美。如果说彩陶艺术更多地表现为一种激情的美，那黑陶艺术则更多地表现为一种理性的美。

而造型艺术风格方面，由于快轮辘轳的运用，器物的外轮廓线有了更多复杂的起伏变化——彩陶器物的外轮廓线一般都比较简单、饱满，因此人们的目光都集中在绘画装饰上，而不是器形的变化上；但黑陶就不一

【挖穴作窑】

从露天烧陶到窑烧陶是很大的技术进步。中国是世界上创建陶瓷窑炉最早的国家。最初的窑是就地挖穴作窑，距今近1万年。有将燃烧室直接设在窑室侧下方的“竖穴窑”和将燃烧室设在窑室侧下方，但以火道将两室相连通，把烟火引入窑室的“横穴室”两种，从目前考古发掘看，“横穴室”比“竖穴室”多。

山东潍坊出土的龙山文化白陶鬶。

样，由于其表面不加以彩绘，所有的变化都体现在器形的转折、起伏上。因此，无论口部与肩部，肩部与腹部，以及腹部与足部的外部线条都非常考究且追求变化。如果说彩陶艺术是以其图案的装饰美取胜的，黑陶艺术则是以其造型的变化美来取胜的。

由于快轮的运用以及人类起居生活的日趋精细，这一时期的器型种类明显增多，在彩陶时期日常的器型只限于罐、盆、壶、钵、碗、瓶、杯等，但发展到黑陶时期，还出现了可以蒸煮食物的、为了坐在地上取食方便的高足“豆”（古代的盛食器）、有保温功能的带盖钮的鼎和碗等。在装饰上除素面磨光外，还有划纹、弦纹、方格纹、附加堆纹、圆圈纹和镂孔等。

白陶和原始瓷器

在中国的早期陶器中，白陶值得人们关注的原因，不仅是它有着优美的造型和洁白的外观，更重要的是因为它的制作原料和当时各种泥质或砂制陶器的制作原料大不相同。有充分的研究资料表明，白陶原料的化学成分非常接近瓷土、高岭土的成分。由于瓷土和高岭土的含铁量分别只有1.59％和1.72％，远远低于其他陶器原料中的含铁量，从而使这种陶器的颜色呈白色。

白陶器的器表多为素面磨光，只有少量印绳纹。商代（公元前17世纪—公元前11世纪）后期是中国白陶器高度发展的时期，这一时期的白陶器，胎质纯净细腻，器表刻有饕餮纹、夔纹、云雷纹等各种精美图案。从某些白陶器的型制和器表装饰看，显然是在仿制同时期的青铜礼器。由于白陶的烧制工艺技术达到了当时的最高水平，和当时的其他陶器比较起来，白陶有着胎质坚硬，外观洁净的优点，从而受到了当时统治阶级的青睐。在夏（公元前21世纪—公

模仿青铜器造型的白陶鼎

元前17世纪）商时期，白陶的主要型制是供统治阶级享用的鬶、盉、爵等酒器和豆、钵等食器。

白陶在中国陶瓷史上的重要性，在于其对瓷土的运用。尽管烧成技术并未达到瓷器的效果，却为原始瓷器的产生积累了技术经验。中国古代的劳动人民在烧制白陶器和印纹硬陶器的实践中，不断改进原料及其处理技术，提高烧成温度和器表施釉技术，创造出了原始瓷器。原始瓷器的形成起码需要三个条件：第一是原料的选择和加工，主要表现在氧化铝成分的增多和氧化铁成分的降低，使胎质呈白色；第二是经过1200℃以上的温度烧成，胎质烧结致密，不吸水，击之发出清脆的金石声；第三是在器表涂上耐高温的釉，烧成后胎釉结合牢固，厚薄均匀。

釉的发明和使用是原始瓷器出现的必备条件。最初或许是一种偶然，是在密封得很好、窑炉温度较高的窑室里，在燃烧的过程中，燃料上的柴灰掉到了器物表面上，和瓷土中的长石融化在一起，在器物表面自然形成了一层薄薄的釉面，从而启发了当时的陶工。陶工们用烧好的草木灰，拌入被稀释的瓷土泥浆中，最后涂在尚未烧制的器物表面，最早的灰釉便由此产生。这种含有草木灰和微量铁质的釉，在氧化焰中烧制呈黄色或褐色，在还原焰中烧制则呈青色或青绿色。高温釉的发明可以说是中国人的创举，比世界上最早发明低温釉的西亚还要早很多年。这种有橄榄绿、绿色、青绿色、青色、黄色、褐色等多种釉色的高温釉具有沉静、含蓄、雅素、温润的特点，这些特

【釉的出现】

“釉”是指覆盖在陶瓷表面的玻璃质薄层，一般以长石、石英、粘土等作原料，施于陶器上，起到美化和保洁的作用。在目前所能见到的古陶瓷中，最早出现带釉的器物残片在商代早期、晚期遗址中均有发现，但这种遗物并不多见。

江苏常州出土的春秋时期的原始瓷簋，高12厘米。江苏常州市博物馆藏。

点后来发展成中国瓷器特有的风格。

原始瓷器常见的型制有尊、钵、瓮、罐、豆、簋等。原始瓷器的胎质比较坚硬，颜色多呈灰白色和灰褐色，少量胎质为纯白稍黄。器表釉色以青绿色最多，并有一些豆绿色、深绿色和黄绿色。原始瓷器的成型工艺，和硬纹印陶一样，多采用泥条盘筑法，盘筑成型后，用印有各式纹饰的拍子拍打，一方面使泥条紧密粘紧，另一方面又装饰了器表，最后经过刮削，再上釉烧成。器表的釉下除少数为素面外，多饰有方格纹、叶脉纹、锯齿纹、弦纹、席纹和S纹，并有一些圆圈纹和绳纹。

出现在商代的原始瓷器，有坚固耐用、器表带釉、不易污染而易清洗等优点，除在黄河中下游一些地方有少量出土外，大多在长江下游和东南沿海一带出土。

商代青釉弦纹瓷尊，高18厘米，口径宽19.65厘米。上海博物馆藏。

兵马俑与秦汉陶塑

“俑”产生于中国古代“事死如事生”的丧葬习俗，想象着死者可以在冥界过着和人世一样的生活，随葬品中就出现了模仿仆从、侍卫、乐舞伎等身份制作的偶人，以及一些动物形象的玩偶，并统称之为“俑”。

秦（公元前221—公元前206）汉（公元前206—公元220）时代是中国封建社会处于初步巩固和发展的时代，也是中国各民族在相互融合的过程中建立起统一多民族国家的重要阶段。秦代中国第一次完成了多民族国家的统一，建立了大一统的封建集权王朝。秦始

彩绘的秦俑

秦始皇陵兵马俑坑出土的陶车马

皇自称“始皇帝”，显示出他的统治具有开天辟地的历史意义，同时在他统率下的国家和军队也有着一往无前的豪迈气势。这是一种时代精神，这种精神渗入到当时的艺术作品中。

1974年在秦始皇陵附近发掘出的兵马俑，向当代的人们展示出秦代艺术雄伟壮观的风格——数千个真人、真马般大小的兵马俑，列队而立，整装待发，有穿盔甲的武士和着战袍的兵卒，他们手执各种武器，看上去，有的是在军阵中作前锋的武士俑，有的则是步兵俑和车马俑；而最能显示当时军事实力的，则是四匹一组雄健强壮的陶马拉着的战车。兵马俑坑展示出人马并用、军容整齐、步兵和战车混合编制的势不可挡的秦军阵容，再现了当年秦始皇一统天下的雄伟气魄。

这批陶塑运用模、塑结合的方法，分件制作，粘接成初胎，再于表面覆加细泥，运用了塑、捏、堆、贴、刻、画结合的技法，把

西汉陶仪卫俑，通高49厘米。江苏徐州市博物馆藏。

西汉陶车马

几千位不同年龄、不同军衔、不同性格、不同地域的武士俑表现得栩栩如生——这些武士俑个个身穿战袍，勒带束发，足登方口齐头履，有的手执弩机弓箭，背负盛置铜矢的箭袋，有的手执长矛，腰佩弯刀铜剑。其中有须髯开张、气度昂然的壮士，也有生气勃勃、稚气未脱的少年兵，有面容清瘦、长须可捋的老兵，还有高冠披甲、身佩长剑、凝神沉思的将领。还有那高1.5米、体长2米的陶马，膘肥体壮，小耳大眼，口裂较深，前肢柱立，后腿若弓，筋骨强健。这些活灵活现的战马昂首挺胸地排列于军阵之中，衬托出军阵的威武雄壮。秦始皇兵马俑是中国古代陶塑艺术史上的创举，秦代的陶工以高超的艺术创造力和令人叹服的写实能力为后人留下了震撼人心的艺术作品。

汉代是中国雕塑艺术大发展的时期，俑的种类、数量、材质、水平等都达到了新的高度。但无论如何，进入西汉以后，秦始皇陵俑坑中那样仿若真人的大型陶俑，已成历史绝响。汉代皇帝的陵墓沿袭秦始皇陵规制设置随葬兵马俑群，数量不少于秦代，但体量明显缩小，高度一般是50厘米～60厘米。考古发掘中发现西汉（公元前206—公元25）初年的两类陶俑：一类是完全沿袭秦俑旧制，俑体上直接塑出服饰，施以彩绘；另一类与秦俑造型风格迥然有别，是裸体男、女塑像，然后披穿帛衣。

东汉杂技俑

在汉代，除皇帝以兵马俑军阵陪葬外，一些地位显赫的将军死后，也享受到了这等殊荣；而一些出土的侯王墓葬中，除有武士俑陪葬外，家奴俑和伎乐俑也屡见不鲜，体量小于帝陵制。到了东汉（25—220），随着庄园经济的发展，豪强地主在政权中心扮演着越来越重要的角色，他们的墓葬中还出现了与真实田园生产、生活场景相配合的微缩陶俑群，造型更加生动传神。

西汉中期以后，陶俑开始出现新的面貌，一方面是雕塑手法更加大胆、自由，从此前对人物形象细致逼

东汉观剧俑

六朝女俑

真的刻划中走出来，转向更注重整体、简练概括的塑造；另一方面，在表现的对象和题材上也比以前更加广阔多样，更注重对世俗生活和娱乐场面的表现。如1969年在济南北郊西汉墓出土的彩绘陶乐舞杂技俑，陶俑的制作均采用模制，先涂白粉为底，再以朱、黑、褐、绿等色彩绘。这是一个将表演者和观赏者设置在同一个场景中的陶塑群，整个陶塑群被安置在一个长67厘米、宽47.5厘米的长方形陶盘上：后侧为伴奏乐队，其中有吹笙女子两名，还有鼓瑟、击小鼓、敲钟、击磬的男子各一名；中间是正在表演舞蹈和杂技的男女演员——有两名载歌载舞的女子，还有四名作倒立状和翻跟斗状的青年男子；场景的两侧还有七名长衣广袖、拱手而立、凝神观看的观众，其中右侧三人，各戴冕冠，面前置两个大酒壶。在整个场景中，观众、乐队、表演者之间的空间关系设计得井然有序，人物主次分明，把一幅贵族宴乐图立体地生动形象地展现在我们面前。它的创作者着力捕捉和描绘的是人物的动作和神情，人物造型稚拙可爱。而从题材上看，这件陶塑群以乐舞百戏代替了家奴劳作，揭示出这一时期贵族阶层家居享乐方式的变化。

西汉后期至东汉，陶俑表现的题材和内容都更加广泛、丰富，骏马拖车的陶马车和成群的男仆、女侍俑、乐舞俑，是当时常见的题材。在已经出土的乐舞百戏俑中，最传神的是成都市郊出土的“说唱俑”，这类俑都是赤裸上身，以及各类“舞蹈俑”、“吹奏俑”、“坐俑”、“背娃俑”等，重庆出土的“持刀俑”、“击鼓俑”、“抚琴俑”等，也都塑造得生动朴实，充

东汉说唱俑

东汉抚琴俑，通高36厘米。贵州省博物馆藏。

满生活的气息。值得一提的是，汉代的动物陶塑也十分成功，四川绵阳出土的陶马、陶狗，成都羊子山出土的1.5米高的架车陶马，还有河南辉县出土的一批动物陶塑，可谓千姿百态，各具神韵。

在题材方面，除了保留以前的武士俑、文官俑、歌舞杂技俑等陶塑外，还增多了模拟庄园全貌的陶塑作品，常见的有庄园城堡，内设高大的多层楼阁、水阁、仓房和田地，还有劳动者负重、铡草、在水田里劳作的场面，有执箕、握铲、扛犁的农夫俑，有腰间还佩有环首长刀的武丁俑，有在庄园中提壶、持瓶、扫地、剖鱼的勤杂俑和庖厨俑。这些俑真实地再现了东汉中期以后豪强地主统治下的庄园经济图景，同时也揭示出汉代较之秦代偏于务实的审美取向。

千年青瓷

世界上几乎所有的民族都有过制陶的历史，但瓷器发明的历史则是由中国人书写的。第一，它的烧成需要较高的温度，需要有设计周密、保温条件好的窑炉，还要有燃烧强度很高的燃料；第二，要善于拣选瓷土原料和掌握釉的配制技术。这些看起来并不复杂的原理，是由中国人最先掌握和发现的。

首先，我们不能不提到一种特殊的窑型——“龙窑”的使用。据考古发掘证明，最早的“龙窑”是在战国时期（公元前475—公元前221）的广东增城出现的；其次才是浙江上虞的东汉龙窑。这种窑型大概是从火膛与窑室连在一起的升焰式方窑发展而来的，即将窑顶封闭，窑身倾斜，低的一端为火膛，在最高处开排烟口，而窑炉依山而建，外形似龙，故称“龙窑”。龙窑的优点是升温快，降温也快，可以速烧和维持还原气氛。东汉的龙窑烧成温度已达

三国时期青瓷仓院，湖北鄂州市博物馆藏。

1200℃以上，烧制出的瓷器釉面均匀无裂纹，釉色淡青，胎质白细、薄而微透光，胎釉结合牢固；吸水率在0.5%～0.16%。在部分窑址中发现了成熟的青釉瓷器。中国乃至世界的陶瓷史由此开始了新篇章。

新兴的制瓷业迅速成长，青瓷的烧造在三到六世纪成了当时中国手工业发展最快的行业，很快就形成了一个纵贯中国南北的独立体系——南方青瓷的主要产地分别在浙江、江苏、江西、湖南、安徽、四川、湖北等省，北方青瓷则主要出自陕西、河北、河南和山东。烧制青瓷在相当长的阶段都是中国制瓷业的主流。

为什么青瓷如此受到中国人的青睐，甚至一度影响到了朝鲜半岛、日本，以及东南亚等地对青瓷的推崇？这似乎应当从精神层面找一找答案——青瓷那碧玉般的色泽和质地更符合中国人的崇玉心理。玉，在中国人的眼里，是天地日月之精华，可通神灵。在远古时期，玉曾经是重要的礼器，在金文中，“礼”字的结构，是在

【“龙窑”1200℃】

“龙窑”的使用，根据考古发掘的材料证明，最早是在战国时代的广东增城，其次则是东汉时期的浙江上虞。所谓“龙窑”，是将窑顶封闭，窑身倾斜，最低的一端为火膛，最高的一端开作排烟口，窑身依山傍丘而建，似一条龙自上而下，因此得名。“龙窑”升温快，降温也快，可以速烧，烧成温度已达1200℃，烧制出的器物，以一件上虞出土的四系青釉罐为例，其全体施釉，釉色较为纯净均匀而无裂痕，釉层厚度在0.2毫米以上，玻化良好，胎釉结合牢固，反映出当时已具备了烧制瓷器的条件，是中国陶瓷史上的一项重大成就。

西晋青釉盘口壶

（左）东晋德清窑褐釉瓷鸡首壶，高27厘米，口径8.5厘米，底径12厘米。
（中）唐黑地彩斑执壶
（右）唐代长沙窑青釉褐彩贴花人物壶

一个器皿中盛两串玉具以奉事于神。也就是说，远古时祭祀用的器具大都是玉器。不仅如此，玉还是帝王及有身份的人佩戴的吉祥物。对于普通人来说，玉更是难得之物。因此，有着玉一般色泽和质感的青瓷，就成了人们追捧的对象。

越窑青釉刻划花纹杯，高13.2厘米。江苏苏州市博物馆藏。

盛产青瓷的浙江被视作青瓷的祖庭。纵观青瓷历史，著名的唐代青瓷有越窑、婺州窑、瓯窑、德清窑；进入宋代以后，青瓷有了新的发展，有代表性的青瓷出自龙泉窑、耀州窑和景德镇。

越窑

在众多青瓷窑址中，以越窑发展最快，其窑场数量多、分布广，产品质量高，影响波及周边地区。越窑的名称来自源于唐代（唐代通常以窑的所在地来代指窑址及其出产的瓷器），是浙江东北一带以余姚上林湖为中心出产青瓷的窑场总称，其中最有代表性的是上林湖窑址（位于今余姚县城东北方约30公里）。越窑的品种包括水盂、唾盂、注子、香薰、杯、碗、罐、盒、洗、盘、盅、碟、壶、盏、钵、盆等，以及小狗、小马、小鸡之类的儿童玩具。

越窑青瓷是用龙窑烧成的，“瓷石”是绢云母和石英等的混合物，相当于高岭土、长石和石英的混合矿物质，所含的有机物质少，粘性和吸附性较小，且杂有水云母系矿物，含铁量较高（0.5%～3%）。青瓷所用的石灰釉具有光泽好、透明度高、硬度大等优点，也只有

唐代陕西法门寺唐塔地宫出土的越窑花口盘，高6.2厘米。陕西法门寺博物馆藏。

龙窑的还原焰才能将这种熔度小、粘性小的釉料烧得像玻璃一样透明，可以使坯体上刻划的图案花纹或浮雕形象清晰地浮现出来。越窑青瓷都是在1200℃以上，甚至1300℃的高温下烧成的，从胎质和釉色看，早期越窑青瓷的胎质细腻、呈灰白色，烧结坚硬，不吸水。瓷胎外普遍施青釉，釉层均匀。上釉的部位根据器物的不同用途而有差别：碗、盏、钵、盆等都是内部满釉，外部施釉至近底处；壶、罐等容器一般是口沿及外壁施釉，内壁露胎不上釉。由于胎的颜色对釉的呈色起衬托作用，所以胎色淡，釉呈青色，而晚期胎骨较厚，胎色较深，釉层厚而均匀，普遍呈青灰色。越窑青瓷惯用的装饰方法有划花、刻花、捏雕、镂空等多种。花纹有鹦鹉、云龙、鸾凤、蝴蝶、飞鸟、花卉，以及名士人物等。

越窑瓷器因其悠久的历史传统、雄厚的技术力量和优越的物质基础在中国南北各青瓷品种中享有“诸窑之冠”的盛名，有一部分品质精良的越窑瓷器还是为宫廷特制的“贡品”。当时很多诗人都创作过歌颂越窑瓷器的诗篇，他们用美丽传神的诗句赞美越窑瓷器的色调和光泽。上林湖越窑青瓷受到广泛欢迎，我们还可以从明治时期的日本文献中找到相应的记载，有一位名叫石川鸿斋的诗人在他的汉文诗中就描述了上林湖青瓷的历史和釉色。而通过明州（宁波）港销往东亚的朝鲜半岛和日本以及西亚的阿拉伯地区的上林湖青瓷更是源源不断，以至到现代，在印度、伊朗、埃及和日本等国，都有越窑上林湖生产的青瓷遗物出土。

唐代越窑瓜棱执壶

婺州窑位于今浙江中部的金华地区，窑址的分布范围很广。经考古发掘共发现古窑遗址600余处，自汉至明，其窑址数量之多、生产年代之长，在中国的瓷窑体系中是罕见的，因此在陶瓷史上占较高的地位。婺州窑的胎釉，早期普遍呈浅灰色，断面比较粗糙，瓷土处理不细，而且没有完全烧结，玻化程度较差，釉层厚薄不匀，常常凝结成芝麻点状，一般呈淡青色，也有呈青灰或青中泛黄的，裂纹密布，在胎釉结合不紧密处或釉面开裂处，往往有奶黄色的结晶体析出，这是一种婺州窑青瓷固有的现象。中期由于这一地区的瓷土矿比较分散，而且矿层薄，不易开采，陶工们就广泛地利用当地遍地皆是、开采和粉碎都比较容易、可塑性很好的红色粘土做坯料。但因粘土中氧化铁和氧化钛的含量都较高，烧成后胎呈深紫色，影响了青釉的呈色，于是就在胎的外表敷上了一层质地细腻的白色化妆土以掩盖胎色。由于胎外有化妆土衬托，看起来釉层滋润柔和，釉色在青灰或青黄色中泛一点褐色，但釉面开裂和析晶的情况较用瓷土做胎的瓷器更为严重。晚期婺州窑在品种和造型方面创造了许多更能表现出瓷器胎薄釉色晶莹特征的新器型，

宋代龙泉窑梅子青釉莲瓣纹盖钵

并在装饰手法上有所创新。

瓯窑分布在浙江温州市郊外西山一带。温州东临大海，西北靠苍山区，瓯江、飞云江由此直入大海，是中国古代的通商港口之一，制瓷、造船、刺绣等手工业都很发达。瓯窑的大多数窑址都集中在瓯江、飞云江和楠溪江两岸。早在汉代，瓯江北岸的永嘉就已生产原始瓷器，到了东汉末年更进一步烧成青瓷，产品通过船筏运到温州等城市销售，水上交通非常方便。瓯窑瓷胎呈色较白，白中略带灰色，釉色淡青，透明度较高，色泽很美，也被称为“缥瓷”。

德清窑

在越窑青瓷声名雀起之时，以瓷器釉色黝黑光亮而闻名于世的德清窑，成了越窑的有力补充。德清窑主烧黑釉器，兼烧青瓷，古窑址在浙江德清县境内，有几十处之多，是浙江地区最早的黑瓷产地之一，所烧黑瓷和青瓷简单朴素，大方端正，造型风格与婺州窑、越窑相似。主要的器型有碗、碟、盘、耳杯、盘口壶、鸡头壶、唾壶、虎子、香炉、罐、盒、灯和盏托等，均为日常生活用品，特色产品有直筒形小盖罐、扁圆形盖盒和茶盏、浅盘形盏托配套的新型茶具等，为其它同期瓷窑少见。德清窑的黑瓷釉层较厚，呈黑褐色或黄褐色，佳者釉面滋润，色黑如漆；青瓷普遍在胎外上化妆土，釉色一般呈豆青、青绿或青黄色、釉色比较深，具有较好的光泽，装饰十分简单，通常是在器物的口沿和肩腹部划几道弦纹，或在青瓷上饰几点褐色点彩。从出土陶器断定，德清烧造陶瓷的历史可上溯至6000年以前，以后历朝历代都生产陶瓷，而为中国陶瓷史所记载的生产黑瓷和青瓷的德清窑仅活跃了一百多年。因此，存世完整精美的德清窑瓷器非常稀少，国内在上海博物馆及个别大一些的博物馆有收藏，而民间收藏界，则以拥有一件德清窑瓷器为荣，尤以黑釉鸡首壶最受推崇。

龙泉窑

龙泉窑可以说是最有代表性的宋代青瓷窑之一，窑址分布在今浙江龙泉大窑、金村等处，创始于五代（907—960），继承越窑传统，烧造青瓷，至南宋（1127-1279）而鼎盛。龙泉青瓷以釉色取胜，釉层厚如凝脂，雅如美玉。其釉色有月白、豆青、淡蓝、青灰、蟹壳青、灰黄、炒米黄等，其中又以粉青、梅子青等名贵釉色为青瓷中的最高典型。龙泉粉青瓷色青绿粉润，光泽柔和，纯粹无瑕如美玉；梅子青瓷釉色较粉青更深沉华润，釉色葱翠，釉层略带透明，色泽照人，如梅子初生。这两种釉色与当时烧造工艺的进步是分不开的——龙泉窑场不用石灰釉，改用石灰碱釉，显然是一个创造性的进步。这样处理，可挂厚釉而不致流淌，气泡不致变大，釉面光泽柔和，从而获得丰满幽雅、有如美玉的观感。龙泉窑器型复杂，除一般日用器皿外，还烧制各种文具及仿古的瓶、觚、鼎、炉等，花纹装饰上出现了堆塑和贴花装饰。元代龙泉窑瓷器大量销往海外，窑场范围扩大。明代仍继续烧造，清代中期以后衰落停产，1949年后又恢复生产。

宋代龙泉窑青釉玉壶春瓶。玉壶春瓶是一种撇口、细颈、垂腹、圈足、以变化柔和的弧线为轮廓线的瓶类，其造型定型于宋代，历经宋、元、明、清直到现代，成为中国瓷器造型中一种典型的器物。

耀州窑

耀州窑始于唐代，兼烧黑釉、青釉、白釉三种瓷

明代龙泉窑青瓷执壶。

宋代越窑镂孔卷叶纹香熏

器，五代末至宋代初，受余姚越窑的影响创烧刻花青瓷，是宋代北方著名瓷窑之一，也是北方著名青瓷产地。窑址在陕西铜川市黄堡镇漆水西岸，古属耀州。宋代耀州窑的产品分早、中、晚三期，早期标本以青釉为主，器型比较简单，装饰纹样在布局和技法上都还带有不成熟的特征。中期出土物及传世品较多，为耀州窑的鼎盛期。此时的器物以日用器皿盘、碗为主，而瓶、罐、壶、盆、炉、香薰、盏托、钵、注子、注碗等器物俱备，器型之丰富在宋代同期瓷窑中是少见的。耀州青瓷刻花，以海水游鱼纹和莲塘戏鸭纹刻画得最为生动，刚劲有力，刀法犀利，线条流畅，形成了耀州窑的独特风格。装饰技法除刻花之外，印花也比较常见。纹饰有缠枝、折枝牡丹、菊花、莲花等，并且还出现了凤凰牡丹、犀鹤博古、飞鹤、飞蛾和姿态多变的婴戏纹。耀州窑产品以民用为主。由于其具有独特的地方风格，产品质量在北方民用青瓷中属上乘，因此被选中作常年例贡供北宋（960–1127）宫廷使用。

在宋代瓷器中，五大名窑的官窑、汝窑和哥窑都属青瓷，但却有不同的呈色，汝窑的呈色多为天青色、香灰色；官窑和哥窑的颜色较接近，釉色有粉青、月白、油灰、青黄等。

宋代景德镇生产一种青白瓷，胎质细薄致密，清白细腻。由于胎薄质细，有的花纹光照见影，色白泛青，如冰似玉，釉色温润、晶莹、淡雅。景德镇青白瓷造型新颖、别致、精巧，装饰纹样丰富、瑰

宋代耀州窑青釉剔花倒装壶，高19厘米。陕西省博物馆藏。

丽，采用了刻花、画花、印花、堆塑等技法，构图严谨，线条简练流畅，形象生动，因此以质纯工巧而冠压群窑，成为代表宋代制瓷水平的名贵品种。在它的影响下，当时福建、广东、四川、浙江、安徽、湖北、云南、广西等省区许多窑场，纷起仿烧青白瓷，影响深远，以至在中国陶瓷史上形成一个“青白瓷窑系”。由于“青白瓷”是模仿青白玉器的色质特征烧制的，釉色介于青白二色之间。这种釉色俗称“影青”，也有称“映青”、“隐青”、“印青”、“罩青”的，是对青中有白和白中显青的瓷器的专门称谓。

宋以后中国的青瓷还在不断发展。元以后，中国的陶瓷艺术有了世俗化、市民化的趋势，开始由素雅转向繁丽，仅有一道釉的像玉一般洁净的青瓷，不再是陶瓷的至高境界，人们慢慢迷上了丰富多彩，又有故事画面的彩瓷。

独树一帜三彩陶

三彩陶器是唐代陶瓷中具有特殊作用和风格的一枝奇葩。在20世纪初期的一次考古发现中，人们在河南洛阳附近的一处古墓中，发现了大量的“唐三彩”明器，其独具风采的艺术形象再次驰名中外。

这种“唐三彩”陶器是在汉代铅釉陶的基础上进一步发展起来的，用白色粘土做胎，施以含铅的低温釉，釉中使用铁、铜、锰、钴等多种金属作呈色剂，在750℃～800℃低温下焙烧而成。所谓“三彩”即多彩之意，包括绿、黄、赭、红、白、蓝、黑等许多颜色，有的一色单用，有的多色搭配使用。上釉前先挂一层化妆土，

唐三彩女骑俑

唐三彩骆驼俑

然后再一步一步挂上各种色釉以实现其造型和装饰的整体效果，还采用了印花、贴花、刻花、雕塑等传统技法，巧妙地做成各种富丽堂皇、生动传神的陶器。

唐三彩中描金彩的器物格外华丽，这在几处唐代宗亲墓葬出土文物中，显得尤为突出。在北京故宫博物院和陕西博物馆收藏的唐三彩骆驼俑、骆驼载乐俑都是十分珍贵的写实作品。这些骆驼俑高达一米左右，或昂首阔步，或四足伫立，显得雍容华贵、气魄非凡，烧制工艺都相当成功。这些产自中亚的双峰驼往返于丝绸之路，不仅充当载重工具，更因其“异域”形象受到当时中原人士的喜爱，生动地反映出当时中外贸易和乐舞百戏的活跃程度。可以说，唐三彩的装饰和造型手法大大地突破了以往单色釉陶器的单

唐三彩骆驼商俑

调、粗糙、呆板的局限，用写实和浪漫主义的形象（如各种人俑、动物俑、镇墓兽等）为后人呈现了民族文化交融、对外交往频繁的盛唐气象。

唐三彩的出土地点以北方的西安和洛阳最多，而从窑址发掘看，则大多来自河南的巩县、河北的邢窑和陕西的耀州窑，制作相当兴盛。在南方的长沙、武汉等地，也有一些唐墓出土过三彩陶器，釉质滋润美观，器型很有地方特色，很可能是附近的南方窑场烧制的。三彩陶器的品种，除一部分是用作殉葬的明器之外，传世或出土的日用器皿，如三彩罐、壶、灯、盘、碗之类的器物也不少见。

三彩陶器流行于盛唐，不仅供应国内，还远销海外。晚唐以后，三彩陶器产量显著减少，作品也不如盛唐之精美。到了五代，更是一蹶不振，绝迹人间了。但三彩陶器对后世彩陶、彩瓷的制作影响深远，虽然是昙花一现，但直至今日仍为人们所喜闻乐见。

三彩凤首陶瓶

三彩叶口壶

唐代胡瓶，受波斯文化影响非常突出，具有萨珊式银执壶特征。

瓷的时代

“五大名窑”

“公元960年宋代兴起，中国好像进入了现代，一种物质文化由此展开。货币之流通，较前普及。火药之发明，火焰器之使用，航海用之指南针，天文时钟，鼓风炉，水力纺织机，船只使用不漏水舱壁等，都于宋代出现。在此十一、十二世纪内，中国大城市里的生活程度可以与世界任何其他城市比较而无逊色。”这段话出自现代著名史学家黄仁宇先生的史学名作《中国大历史》，高度概括了宋代的历史面貌。

宋代无疑是中国古代史上的一个重要时期，经历了北宋、南宋两个阶段，历时共320年，无论物质文明、精神文明，都在唐朝的基础上蓬勃发展，就总体而言高于唐代。

说到宋代商业的繁荣景象，人们通常会想到以一幅伟大的绘画作品——北宋张择端所画的《清明上河图》来说明。这幅绘在绢上的长卷描画了当时国都汴梁的极盛景象，全卷纵24.8厘米，横528.7厘米，是表现由乡村到城市闹市区的全景图，各节的时间不同。右端开卷处有乡下人赶着载有菜蔬的驴子上市，树顶透着朝雾，光景是早上；左端则像是一场戏的谢幕，黄昏来临，劳累了一天的人们准备收摊回家。在画卷上有各色人物五百余，衣着不同，神色各异。画中有城门、十字街头、大街小巷，街边有人以摊担叫卖，也有高至三层的商铺、旅舍，各式酒肆、茶坊、食店散布于大街小巷。市中心还有一座拱桥连接汴河两岸，河道中有游船、货船二十余。从物质生活上讲，12世纪的中国无疑已领先于世界各国。

有文献记载，在北宋末年的开封城，

“市井经纪之家往往只于市店旋买饮食，不置家蔬”，“夜市直至三更尽，才五更又复开张，如要去闹处，通晓不绝”，“冬月虽大风雪阴雨，亦有夜市”。即便是在小市镇，酒肆茶坊也不可或缺，另外，村市邸店往往兼营饮食。宋人较普遍的是一日三餐，古时席地饮食的习俗，到宋时已完全改变；在烹饪技术上，宋人使用水、油以及各种作料的烹饪，如煮、蒸、炒、煎、炸、脍、炙等，大体已与今人相似。达官显贵们的豪华宴席相当讲究排场，奢靡之风盛行，在南宋的都城临安（今浙江杭州），最高级的厨娘，连官至知府也无力雇佣，足见高级宴飨的昂贵。茶和酒是宋时最重要的饮料，即使在社会底层，饮茶也成为重要的交际手段；而社会各阶层饮酒之风都很盛，许多达官贵人家中都有自酿的好酒。饮食业的发展，带动了对日用器皿的大量需求，比如，宋酒相当普遍地使用瓶装，而煎茶、饮茶讲究用不同的陶具瓷器，宴会酒席更有专人负责杯盏碗碟的传送——这些无疑都促进了宋代陶瓷业的迅速发展。

隋代白瓷龙柄鸡首壶，壶高27.4厘米，口径5.9厘米，腹径11.5厘米，底径7.1厘米，重0.8公斤。中国国家博物馆藏。

在审美层面对宋代陶瓷艺术产生深刻影响的，则不能不谈宋代对于中国思想文化史有着独特贡献的“儒学的复兴”——宋朝皇帝有养士之风，以至在士大夫阶层逐渐产生了一批有影响的哲学家、思想家，新思想新精神蓬勃四起，他们将儒家的伦理道德置于佛家、道家的宇宙观之上，认为宇宙之运行包含着无数的因果关系，人类的行为当与自然法则（他们称为“天理”）相符。一种自觉精神也在士大夫社会渐渐萌生——“士当先天下之忧而忧，后天下之乐而乐”，他们以天下为己

任的情操成为了一种时代精神，进而为以后中国儒生正直守节操的集体人格树立了精神原则。在宋代文人阶层的精神气质影响下产生出一种新的社会心理，就是“主静”和“主敬”；在审美层面，则专注于无形的生命体验，展开了一种纯精神性的探索。宋代的艺术重新回到表现自然的世界，在静穆、枯寂中体验自然内在的韵律，超越了以满足感官愉悦而经营声色的华丽漂亮，反对人为的雕琢藻绘之工，追求自然天成，以发纤于简古、寄至味于淡泊为最高境界。这种审美追求在宋代的瓷器中表现得尤为突出。

火药、指南针、活版印刷术等伟大发明标志着宋代科学技术的突飞猛进，与科学技术密切相关的制瓷业进入了一个“瓷的时代”——新兴窑场如雨后春笋遍布各地，无论青瓷、白瓷、黑瓷以及釉上、釉下加彩瓷器，工艺上都有很大的进步，在造型、纹饰及胎釉等各方面都有许多创新。宋代瓷器以其简洁秀美的造型、引人遐思的釉色、变化万千的结晶和片纹见称于世，可以说在形态、色彩、纹理乃至光亮的表现上都达到了科学技术与工艺美术的高峰。而所谓的“五大名窑”——定窑、汝窑、官窑、哥窑、钧窑，正是其中的杰出代表。

定窑

定窑的窑址在今河北省曲阳县涧磁村及东西燕山村，曲阳县宋属定州，故名“定窑”。定窑烧瓷的历史，据出土实物看，晚唐时已烧造白瓷，五代时这里的瓷业相当发达。北宋以后，更以乳白、牙白的釉色与精细的刻花、划花、印花装饰扬名，各地瓷窑争相模仿，成为南北白瓷中的典范。宋代定窑除白瓷外，还兼烧黑釉、绛釉、绿釉等瓷，工艺和釉色都比较丰富。

定瓷早期多为素地，北宋晚期多装饰有精美的花纹，装饰方法有刻花、划花、印花及浮雕等。纹饰布局严谨，层次分明，线条清晰，繁密有致。常用的纹饰有水波、游鱼、走兽、飞禽、花卉、幼童等，尤以牡丹、莲花、菊花、石榴等花卉最为常见。刻花是宋代早期瓷器的主要装饰方法，刻花兴起之后，又盛行刻花与篦划纹结合的装饰，在折沿盘的盘心部位刻出折枝花或缠枝花卉轮廓线条，然后在花叶轮廓线内以篦状刻划复线纹。刻花所用的工具主要是竹片和刀，而篦划则是用一种梳子状的工具，在坯面划出花纹，俗称“竹丝刷纹”，线条整齐自然。定窑的印花装饰，始于北宋中期，成熟于后期，纹饰多在盘碗的内部，精美细密。制作方法是用刻有花纹的陶模，在瓷坯未干时印出花纹，一般多为模压阳纹。有花纹的部分，往往具有一定的厚度，在白色的器面上，可以产生微妙的光度深浅变化。其纹饰多取材于定州缂丝和金银器上的图案。因此，定窑印花装饰一开始就显得比较成熟，有很高的艺术水平，对当时及后世印花图案有不小的影响。

北宋定窑紫定金彩壶，通高18.1厘米，口径宽9.1厘米。此壶胎薄，施酱色釉，器表绘金彩纹饰。安徽省博物馆藏。

宋代定窑的器型有碗、盘、罐、杯、盒、灯、瓶、壶等日常用具，碗盘之类因器体很薄口又较大，为避免变形，多系覆烧，故口部为不施釉的涩边，讲究的常用铜或金银镶口。比较罕见的还有柳斗盂、孩儿枕等，造型逼真可爱。在传世的定窑精品中，人们还发现有刻划铭文、印字、写字的珍品。

在宋代五大名窑中只有定窑生产的是白瓷，并且驰名于世，曾一度作为贡瓷提供给皇家。但后来又停止进贡，理由是定瓷“有芒”。这是由于定瓷采取覆烧工艺，器物的口部无釉，当时人称这无釉的口部为“芒

口”。定瓷的口部虽是芒口，但常常讲究地将其镶上金、银、铜等，叫扣金、扣银、扣铜。因此有人认为宫中后来停止纳贡定瓷，并不无完全是因为其口部有芒，而是与当时的审美要求有关——定窑的白瓷是一种乳浊性不透明的全白地儿，为了弥补这一缺陷，大多采用印花和刻花装饰。与哥窑、官窑、汝窑和钧窑相比，定窑白瓷人工雕琢的痕迹太过明显，与宋代崇尚淡泊虚静、自然无为的审美要求相背离，尤其不符合当时的文人趣味，因而当时被认为格调不高。

北宋定窑白瓷兽耳瓦纹簋。台北鸿禧美术馆藏。

汝窑

汝窑，在南宋文人笔记中屡屡被提及，但直到1987年才在河南宝丰县清凉寺发现了当时烧造宫廷用瓷的窑址。汝窑为宫廷烧瓷的历史较短，只有二十余年时间，其余皆为民窑时期。汝官窑传世文物极少（据统计世界上不足百件），因其稀少罕见，以至明清两代谈及宋代名窑时往往首推汝窑。

宋代定窑孩儿枕，长40厘米，宽14厘米，高18.3厘米。故宫博物院藏。

如清代文献《陶说》所论，“汝本青器窑”，正式发掘的结果也证实天青釉与黑釉、青釉、宋三彩等器物同时并存。故宫博物院、上海博物馆和天津艺术博物馆收藏的汝窑青瓷，釉色呈一种淡淡的天青色，有的稍深一些、有的稍淡一些，釉质莹润，光泽内敛，上有细密的开片，隐隐约约呈透明的冰裂状态，俗称“蟹爪纹”。

汝官窑在烧制青瓷时，一方面先烧氧化焰，后烧还原焰，另一方面，又控制在较低温度（1125℃—1225℃）下烧成，并有一段保温慢冷时间，以催化析晶，使釉中有大量钙长石的短针状晶体析出，所占体积超过釉的一半，另外尚有稀疏的气泡。由于汝窑青瓷在烧成过程中出现良好的析晶状态，所以其釉面不仅呈现出淡淡的天青色，还产生出一种玉石般的乳浊感。

汝窑三足洗，通高3.6厘米，口径宽18.3厘米。故宫博物院藏。

汝窑器皿普遍较小，器皿高度一般在20厘米左右，没有超过30厘米的；盘、洗、碟等圆器的口径一般宽10厘米—16厘米，超过20厘米是极个别的。汝窑瓷器的胎体都较薄，呈香灰色，凡属盘碗等圆器均施满釉，器里器外口缘及足部均不露胎，采用支钉工具支烧，器物底部均留有几个支烧痕，即所谓满釉支烧，支痕最少的为三个，多的为五个，支痕点很小，曾被古人记载为“底有芝麻细小挣针”。

官窑

宋代不仅是中国陶瓷业大发展时期，也是官方窑场极受重视和极为发达的时代。由于官窑为供御之用，生产不计成本，分工细致，制作工艺娴熟精湛，其瓷器的造型与工艺特征及美学追求和民窑迥然有别。

宋官窑分为北宋官窑和南宋官窑两处。北宋官窑设在汴京（遗址在当今的开封市），南宋官窑则是宋室南迁后设在杭州。北宋官窑烧的是青瓷，但却呈色不同，釉色有粉青、月白、油灰、青黄等。虽然颜色各有不同，但都还统一在青色的调子中。这种青色并非一览无余的青，是通过胎质的变化使釉色丰富多彩，这些胎色有黑灰、深灰、浅灰、土黄等，不同的胎色会使瓷器呈现出不同的青色。由于胎色一般较深，所以有一种深不可测的感觉，这恐怕也正是当时文人们所追求的美感。

明德化窑观音像，通高19.1厘米。重庆博物馆藏。

官窑多用含铁量较高，呈色较深的胎质，出现了一种“紫口铁足”现象——器口部的釉薄隐约露出黑紫色胎骨颜色，足部无釉处呈黑色——这是由于胎体含铁量较高，在烧制过程中较强还原焰使胎色变黑所至。官窑瓷器还吸收了汝窑利用开片装饰瓷器的传统，既避免了釉色的单调，又增加了古朴稳重的情趣。这些通过釉的流成和工艺的改变所自然呈现的美，符合宋代理学思想关于万物的自然性与本然性相符的原则。

有关南宋官窑的窑址，按文献介绍“官窑在凤凰山下”，但一直未真正发现其遗址的具体位置。1996年9月，有人偶然发现了凤凰山南宋皇城遗址附近的老虎洞窑址，其所在地恰好是南宋修内司营所处的位置。在大量瓷片中，人们发现了釉瓷片底部有釉下褐彩“修内司”和“官窑”字样。随后杭州市文物考古所进行了考古调查和发掘，出土了大量官窑瓷片及窑具。南宋还修建了第二座官窑，叫郊坛官窑，窑址在今天杭州市南郊乌龟山一带。

南宋官窑青瓷主要以釉色、碎裂纹及造型取胜，器物造型古朴端庄，釉色滋润似玉，因而装饰题材并不丰富，除常见的植物纹和

南宋修内司官窑粉青簋式炉。台北故宫博物院藏。

南宋哥窑葵口碗，口径20厘米。上海博物馆藏。

动物纹之外，还有各种弦纹、八卦纹、云雷纹、回纹、重环纹、乳钉等。装饰上常采用的手法有刻划、模印、堆贴、捏雕、镂空、透雕等，刻划技术多用于碗、盘等日用器皿上；模印技法使用较普遍；堆雕技法多用于瓶、壶、炉、觚等仿古器型上；雕镂技法多用于器盖、器座等部位。装饰技法的丰富多彩，瓷器装烧技术的改进，装烧窑具的多种形式等，都反映出南宋官窑瓷器在生产技术上受到的重视，这也是瓷器质量优越的原因。

哥窑

哥窑一直是陶瓷史上的一个谜，虽然在北京故宫博物院、上海博物馆及台湾故宫博物院等都收藏有哥窑实物，但由于哥窑不仅未见于宋人的记载，也未发现有窑址，因此难以用考古所得的资料与传世哥窑相互印证。

从哥窑传世的实物来看，有三足炉、鱼耳炉、双耳乳足炉、觚式瓶、胆式瓶及折腰盘等炉、瓶、盘类器型，其式样多仿古代青铜礼器，属宫廷用瓷式样，这一点与汝窑、官窑相同，而与民间用瓷有很大区别。哥窑属无光釉，有人形容它的光泽像“酥油”，有一种含蓄的光泽，又像丝绸一般柔和，釉色有米白、米黄、粉青、月白、油灰、青黄等，可谓五光十色。釉层很厚，最厚处甚至与胎的厚度相当。胎有薄厚之分，其胎质又有瓷胎与沙胎两种，胎色有黑灰、深灰、浅灰、土黄多种色调。

哥窑釉最大的特征就是“龟裂”，釉面有网状开片，或重叠如冰裂纹，或成细密小开片（俗称“百圾碎”或“鱼子纹”）。一般都有两种纹路，即较粗疏的黑色裂纹交织着细密的红、黄色裂纹（俗称“金丝铁线”或“鳝血纹”）。但有的则只有一种黑紫色裂纹，而细小片纹并无颜色。这主要是胎釉彼此间的膨胀系数不一致引起的，原本是一种缺陷，却被聪明的工匠们巧妙地加以利用，为瓷器增添了审美情趣。这一特征也是鉴定哥窑真伪的重要依据。

钧窑

钧窑以河南禹县为中心，窑址遍及县内各地，已发现的古窑场百来处，并有宋代专烧宫廷用瓷的窑场。钧窑历史可上溯到唐代，而以宋时生产最为鼎盛。独特之处在于它是一种乳浊釉，釉中含有微量的氧化铜。如果说青瓷和黑瓷都是以氧化铁为着色剂的话，钧瓷却是以氧化铜为着色剂，并以其奇妙神秘而又艳丽迷蒙的色泽，跻身于同代名窑行列。铜在氧化焰中呈绿色，在还原焰中却呈红

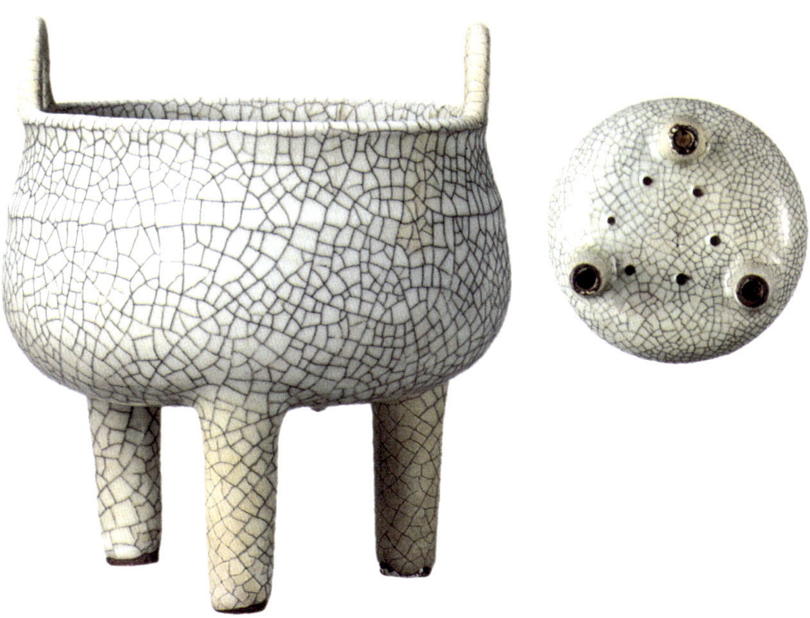

宋哥窑双耳三足炉，故宫博物院藏。

宋代吉州窑卷云纹瓷瓶

色。铜红釉的呈色与着色剂的加入，对基础釉的化学成分、窑炉温度和气氛等因素十分敏感，稍有不慎就得不到正常的红色，技术难度比较大。钧窑用铜的氧化物作着色剂，在还原气氛下烧制成铜红釉，是陶瓷工艺制作上的一个突破。由于钧瓷釉中有微量的氧化铜在起作用，烧出的釉色常常是青中带紫，灿如晚霞。即使钧瓷中的青色也不同于一般青瓷的青色，虽然色泽深浅不一，但多近于蓝色，是一种蓝色乳光釉。钧瓷的烧制成功是宋代工匠们的一个伟大的创举。

钧窑釉的另一个特征是“蚯蚓走泥纹”，即釉面中常有状如蚯蚓走泥的痕迹。这是由于钧窑釉层很厚，在烘窑的低温状态下发生了裂纹，而温度升高后，粘度较低的釉流入空隙填补了裂纹。它和开片釉一样，本来是在烧制过程中无意间出现的技术缺陷，却成就了一种富有特色的装饰语言。在中国的陶瓷界有一句话叫“钧瓷无双”，也就是说，即使在一个窑里所烧出来的钧瓷也没有完全相同的，大多数的釉色都是人工难以控制而自然形成的，可谓至拙至美。

北宋钧窑玫瑰紫釉花盆，故宫博物院藏。

钧窑器型有花盆、尊、洗等，多为仿古铜礼器，古朴典雅，做工精巧。与同时期的官、汝、哥等窑器型有共同特点，也是为宫廷需要烧制的。这一时期盛行用花卉装饰瓷器，在钧瓷中也体现了这一特点，虽然不是用纹样装饰，但却是用花卉的形状做成各式器型，如常见的有海棠式奁、海棠式花盆、海棠式花钵、海棠式洗、莲花式花盆、莲花式盆托、葵花式盆托等，独具匠心。

北宋钧窑靛青釉尊，中国国家博物馆藏。

在上面介绍的宋代五大名窑中，除了定窑的白瓷

有刻花和印花的装饰外，其他几个窑口的产品都是清一色没有装饰的素面瓷。当然没有装饰也并非是一览无余的苍白，而是追求自然天成的审美效果。哥窑、官窑、汝窑均属青瓷系统，又都是利用自然的开片纹釉表现器物的美。这原本被认为是烧制时的技术性缺陷，却被陶工们发展成一种浑然天成、难以复制和标准化的独特的装饰符号。

宋代是一个名瓷辈出的时代，除了所谓的五大名窑，享誉中外的还有景德镇的影青瓷、龙泉窑的青瓷、建窑的“兔毫”和油滴黑釉瓷等，这些名瓷无一不体现了当时上层社会提倡的美学原则。而磁州窑、吉州窑、耀州窑等遍布各地的民间窑虽不如“五大名窑”那样广泛见诸文献，却因其质朴生动且各具特色的风格，早已引起中外鉴赏家和收藏家的注意——比如，磁州窑的制瓷技法不仅当时即已流传到中国南北许多地方，而且影响到了朝鲜、日本、泰国、越南等国家烧制与之类似的瓷器。

水墨青花

说到“瓷都”景德镇对中国陶瓷的贡献，首先得从元代景德镇烧制的青花说起。元代青花瓷产地，虽另有浙江江山、云南建水及玉溪等地，但无论产量、质量和艺术价值，都无法与景德镇烧制的青花瓷相媲美。青花瓷是一种以天然钴土矿为呈色剂，在白釉坯胎上用毛笔描绘图案花纹，罩透明釉后，再入窑一次高温烧成的釉下彩瓷。它创烧于唐代河南巩县窑，宋代亦有烧制，到元代臻于成熟，色彩清雅，如中国传统水墨画般极具风韵。从元代开始，历经明、清，无论官窑与民窑，一直盛烧不衰，成为最具中国风格的彩瓷品种。也是从元代青花瓷开始，中国瓷器由素面装饰为主转向彩绘装饰为主。

元代青花瓷的成熟，有几个原因。在元代以前，景德镇烧瓷用的是瓷石，瓷质较软，烧成温度只有1200℃左右，发现高岭土以后，就由以前只用瓷石一种原料的一元配方改成了在瓷石的基础上加进了高岭土的二元配方。加入高岭土后烧成温度达到了1300℃，提高了瓷质的硬度和致密度；另一方面，由于高岭土中的铝含量较高还提高了瓷器的白度，青花瓷有了理想的胎质。景德镇在“唐宋不闻有彩器”，宋代青白瓷的装饰技法只是在本色瓷上进行的艺术加工，作为以绘画为装饰手段的青花瓷，需要一种景德镇传统上没有的绘画技术。宋元战乱之际，从北方的磁州窑迁来不少陶瓷匠人，他们将磁州窑的绘画技术带到了景德镇。很快，在瓷器光亮洁白的表面采用印花、画花、雕花等新的装饰技法，成为了元代制瓷业的新风尚。除了供应中国民间日用需要外，海外贸易所需的陶瓷器也是促进元代制瓷业发展的一个重要因素。

蒙元横跨欧亚两大洲的统治，为当时商业和手工业的发展开辟了一个极为广阔的市场，特别是元代初期，还曾对出口产品采取过保护措施。而与海外贸易密切相关的造船业早在北宋时期即已十分发达，海外对中国陶瓷和丝绸等产品的需求逐年增长，范围包括东亚、中亚、西亚、东南亚，以及地中海沿岸地区、东非和西非等地。

其实，西亚的制陶业在10世纪以后，对于釉下彩，特别是青花的制作，一直没有间断过。美国华盛顿佛利尔

【釉下彩】

是高温颜色釉品种。因彩色纹饰在釉下不易脱落，故名。先在生坯上彩绘纹样，施釉后入窑高温烧成。釉下彩瓷器最早见于1983年南京出土的吴末晋初墓葬文物青瓷盘口壶，为釉下彩绘羽人鸟兽和仙草云气的纹饰。

宋兔毫地剪纸菱花纹碗

西亚地区细密画艺术风格影响到了中国青花瓷的釉色和图案。

美术馆收藏的伊朗14世纪青花盘及釉下蓝、绿、白彩碗，即是传世实物。但由于那里的胎、釉原料较差，且烧成温度不高，始终无法达到中国青花瓷的质量水平，而蒙元时期中外交通的顺畅唤起了西亚人对中国青花瓷的需求。

明洪武青花折枝花卉纹盖罐

土耳其托普卡比宫收藏有13058件中国瓷器，其中元青花瓷达40件，无论从数量还是质量上，都是全世界元青花的第一大收藏。其所藏元青花器型硕大，主要是大盘、大碗、葫芦瓶、八棱梅瓶等大件器；图案纹饰密集，多采用国内出土器中少见的通体满绘、多层次不留地的装饰方法，画工精细，具有立体效果；色泽艳丽浓翠，用料均匀，不晕散。从总体上讲，其图案纹饰和青花的鲜艳程度可称世界之最，远远优于中国国内的同类器物。这些瓷器中有很多件都是世界惟一：直径41.5厘米的蓝底白花麒麟飞雉双凤图菱口大盘是全世界最大的，高达70厘米的牡丹纹葫芦瓶也是世界仅有的，高60.5厘米的一对多棱葫芦瓶是传世最高的。

为何世界上最精美的元青花不在中国国内，反藏身于异国王宫？这其实记录了一段令人难忘的中外文化与贸易往来的历史。这些瓷器并不是为中国人烧造的，而是属于来料加工，专门按照伊斯兰国家的生活习俗烧制出口，所以国内很少能够见到。为了符合自己的宗教文化与实用要求，西亚的商人带着青花钴料和图样来到中国景德镇等地直接定货，可能还有来自西亚的工匠直接参与了元青花的设计制作。

盛产钴矿的伊拉克的索马拉（Samarra）被证实为元青花使用的釉下青料“苏麻离青”的原产地。大量的

元代青花鸳鸯戏水纹玉壶春瓶

元青花缠枝牡丹纹带盖梅瓶，香港葛氏天民楼基金会藏。

实物、史料显示，从13世纪到15世纪中期，来自波斯、叙利亚等地的商人、僧侣和传教士穿梭于陆路、海上两条丝绸之路，他们给中国带来了西方世界的各种商品、工艺品、香料以及伊斯兰国家出产的钴蓝青料，带走了景德镇的青花瓷以及中国的其他手工艺品。当时中国最重要的港口泉州，云集了大量的穆斯林富商，他们定购大量的青花瓷，远销至伊朗、叙利亚、黎巴嫩、土耳其、意大利、埃及、肯尼亚、坦桑尼亚等国家。于是，景德镇的陶工不仅拥有了促成元代青花瓷的装饰原料，还拥有了一个他们无法想象的广阔市场。中国瓷器传到中西亚，受到了奥斯曼帝国王公贵族的普遍喜爱并成为他们追求时尚、彰显奢华的标志。“瓷器”成为了中国的象征。

由于元青花瓷当年多用于外贸出口，故有相当部分遗存国外。据不完全统计，目前国内外传世的元青花瓷有300余件，其中流失在海外的约110余件，主要收藏在土耳其、伊朗等国；国内收藏约200余件，多为20世纪以来在各地考古发掘出土，目前主要收藏在北京故宫博物院、北京首都博物馆、上海博物馆等机构。在伊朗阿尔德比勒灵庙收藏的中国瓷器，除南宋、元代的龙泉青瓷，南方的白瓷，元代的枢府瓷和蓝釉瓷外，还有37件珍贵的元青花瓷。在伊朗西北部的大不里士阿塞拜疆博物馆的陈列品中，也陈列有青花瓷和釉里红，其中元末的青花大盘、梅瓶和碗，都是光彩夺目的上品。土耳其伊斯坦布尔的博物馆更是收藏着大量中国陶瓷的世界性博物馆。除此之外，在埃及福斯塔特、苏丹境内

明宣德年间景德镇御窑厂制作的青花海水白龙瓶

明正德黄地青花折枝花果纹盘，故宫博物院藏。

的红海沿岸，在波斯湾巴林岛、东非沿岸的一些国家，如索马里、肯尼亚、坦桑尼亚等都陆续出土过元青花瓷器和瓷片。在东亚的日本和东南亚的泰国、菲律宾等地也发现了元青花瓷，尤其是在菲律宾，还发现了相当大的罐和碗等青花器物，如画有双龙纹大型青花四耳罐。这些青花瓷器的装饰花纹有花鸟、鸟兽、花草、缠枝花以及几何纹样等，与在日本见到的早期青花的花纹图案风格不同，其中一种画折枝菊花纹的双系小罐，造型与纹饰均与景德镇压湖田窑发掘品完全相同，时代为元后期。后来，郑和代表明朝政府七次下西洋，不仅开拓了中国的海外贸易航线，也把为数可观的精美明代青花瓷带到了更加遥远的国度。

景德镇虽然在元代已成功烧制青花瓷，但由于可察考的史籍文献未多提及和缺乏有明确纪年的实物佐证，后世对它的认识和了解有数百年的历史空白。甚至就在半个多世纪以前，中国到底有无元

【釉里红】

属于釉下彩品种。指以氧化铜为呈色剂在素胎上彩绘，然后施釉，经高温一次烧成，白地红花，色彩鲜艳明快。此品种烧成于元代德镇窑。

代青花瓷仍未有定论。

事情得先从流失到英国的一件带元朝纪年题记的青花瓷器说起。20世纪二三十年代，英国人霍布逊率先披露了在英国大维德基金会收藏的中国青花瓷器中，有一对形制完全相同的中国青花龙凤纹象耳瓶，瓶高63.6厘米，瓶身绘缠枝菊、蕉叶、缠枝莲、飞凤、海水云龙、缠枝牡丹、杂宝及变形莲瓣等多层图案，瓶颈上用青花书："信州路玉山县顺成乡德教里荆塘社奉圣弟子张文进喜舍香炉花瓶一副祈保合家清吉子女平安至正十一年四月良辰谨记星源祖殿胡净一元帅打拱"的长篇题记。至正是元顺帝的年号之一，至正十一年即公历1351年。在元代以前，中国瓷器还没有形成书写纪年款识的惯例，发现这件青花瓷的重要意义，在于它第一次向世人宣称，这是中国元代景德镇烧造的青花瓷器。

清康熙民窑青花人物棒槌瓶正面及反面，故宫博物馆藏。

霍布逊的报道过于简单，还缺乏更有说服力的佐证，在当时并未引起学术界的关注与重视。直到20世纪50年代，美国学者波普博士以这件带款青花瓷为标准器，对照伊朗及土耳其博物馆收藏的中国其它青花瓷器进行了类比研究，把与此青花瓷风格特征相似的青花瓷器定为“至正型”青花瓷。随着标准器的确定和考古的新发现，中国元代青花瓷才逐渐为人所识。

明嘉靖景德镇御窑厂出品的青花龙纹大缸，腹深和口径均在70厘米左右。

“至正型”青花瓷的基本特征是：器型硕大，造型端庄雄浑，青花呈色浓艳、晕散、并有铁锈斑，地釉多为青白釉或卵白釉，纹饰题材丰富，布局繁密多层次。在这些特征中，最能反映元代青花瓷风韵的，是其独特的造型艺术和以钴蓝料绘制的青花呈色、纹饰图案和装饰题材。

有代表性的“至正型”元青花瓷器有梅瓶、玉壶春瓶、执壶、高足杯、大罐、大盘等。由于销售对象主要是西亚的伊斯兰国家，其装饰手法和图案、器物的造型、品种都有鲜明的特点——大盘一般折沿，有圆口和棱花口两种形式。在土耳其、伊朗的收藏品及印度托古拉古宫殿出土的大件青花瓷器中，以大盘居多，有菱口和圆口两种，菱口盘口径一般在45厘米左右，大的达57厘米以上，40厘米以下的则较少；圆口盘口径多在40厘米左右，也有少数在45厘米以上。这类大盘也是传世元青花瓷中较常见的器物，但在国内仅北京故宫博物院和上海博物馆收藏了几件，绝大部分在国外，以西亚地区为最多，据说是为适应当地居民席地而坐、用手抓饭而食的风俗而定烧的。有一类大型钵也主要见于西亚，有

清康熙青花仕女纹盘，故宫博物院藏。

元青花龙凤纹象耳瓶，英国伦敦大学大维德中国美术馆藏。

敞口及敛口两种，其口径一般在35厘米—40厘米之间，较小的为25厘米—30厘米，大的达58厘米以上。大罐也是传世元青花瓷中较多的器物，以日本收藏最多。此外，风格特殊的扁壶，国内除元大都一件外，基本上都发现于中东地区。

至于梅瓶，江西高安窖藏一次就发现六件，说明国内及国外市场都需要。高足杯亦称“马上杯”，创制于元，是为方便蒙古民族的游牧生活而制作，国外发现极少，主要是供应国内市场。迄今为止，在国内还很少发现典型元青花碗、盘之类的日用器皿。景德镇元青花大量输出后，土耳其、伊朗和越南等国家都仿制出了出色的青花瓷作品，而且各具民族风格，是中外文化交融的历史见证。

明宣德青花藏文僧帽壶，西藏罗布林卡寺藏。

元青花瓷使用的进口钴料，成份是低锰、高铁，含少量的硫和砷，无铀和镍，青花呈色后，蓝色聚集的地方有黑色的斑点，沉入胎骨中，釉面浮现铁光斑和凸凹不平，是元青花最鲜明的时代特征，也是后世无法仿造的。呈色包括深蓝、翠蓝和紫蓝，纯正、艳丽、深沉，有一种特殊的晕散效果，就像是一幅幅水墨画。纹饰的题材，多为龙凤、麒麟、牡丹、缠枝以及诸如“蒙恬将军”、“三顾茅庐”、“萧何月下追韩信”、“昭君出塞”等充满神奇色彩和富有人文意义的人物故事，外销的青花瓷无不文饰繁满，加之许多绘画都由隶属蒙元朝廷的画局出样，窑场画师依样精心描绘，遂使许多元代青花瓷装饰艺术独具风采，饮誉天下。

明代釉里红梅花纹玉壶春瓶，故宫博物院藏。

伦敦佳士得拍卖公司在2005年夏天举行了一场

“中国瓷器及艺术品”拍卖会，一款由荷兰凡赫默特家族收藏了近90年的元代青花人物罐以1400万英镑的巨额成交（折合人民币2.3亿多元），创下了中国瓷器拍卖价格的世界纪录。这件青花罐饰以优美的青花图纹，图案栩栩如生。画面上的主人公鬼谷子坐在由狮虎共拉的两轮车上，后面跟着两个骑马的人，其中一个穿着武官衣服打了一面旗写有“鬼谷”两字——这讲的是一个中国战国时期的故事：燕国和齐国交战，为齐国效命的孙膑为敌方所擒，他的师傅鬼谷子率领众人下山营救爱徒。人们通过这件元青花罐再次领略到了中国瓷器巨大的艺术价值和文化魅力。

元青花瓷主要供应海外市场，而在国内并未引起文人士大夫乃至宫廷的兴趣，元朝在景德镇设立浮梁瓷局为宫廷制瓷，喜欢的却是当时景德镇生产的卵白瓷，这种素面的一道釉瓷器，延续了中国传统的文人的审美观，以素净为高雅。

但明以后情况开始发生了变化，市民文化的觉醒，戏曲、小说的出现，使中国人的审美情趣开始发生变化。青花瓷不仅是白底蓝花的漂亮装饰，而且可以表现各种不同人物山水花鸟的形象，甚至以当时流行的戏曲、小说为题材，其丰富的表现力是素雅的一道釉瓷器所不能实现的。因此，青花瓷不光是在海外市场，在中国国内也受到了世人的青睐。明朝的统治者在青花瓷的主要产地景德镇设立了专为皇家生产瓷器的官窑——御器厂，青花瓷的制作成为官窑瓷器生产的主流。

明代初期的永乐（1403—1424）、宣德（1426—1435）两朝，官窑青花瓷的胎、釉制作比以前更有进步，胎质细腻青白、釉层晶莹肥厚、青花色泽浓艳是这时期的共同特点。明中期以后，景德镇的艺人把以水墨形式表现的文人风格绘画直接移植到陶瓷装饰上，极大地丰富了青花瓷的表现手法。由于青花是釉下彩，使用毛笔饱蘸青花料水直接画在未烧的、具有吸水性的坯胎上，完全可以表现出文人画所追求的水墨淋漓的晕染效果。

在这以前陶瓷上的装饰大都以各种图案装饰为主，这时受文人画的影响，出现了许多被称为“高士图”的人物画。画面中的人物，或行云流水，或悠闲自得，或超凡脱俗，表现当时文人隐士优游闲适的生活情趣。这些画面受当时文人画的影响，讲究笔墨与意境，而不以形似为目标，人物往往与疏朗空灵的背景融为一体，往往只需寥寥数笔、略加点染，即概括出画中人物的神情风貌。另外，除表现文人逸士生活的图景之外，还有许多表现仙人道士的画面，这些画面往往人物神采飞扬，气势豪爽，背景楼阁耸立，檐台

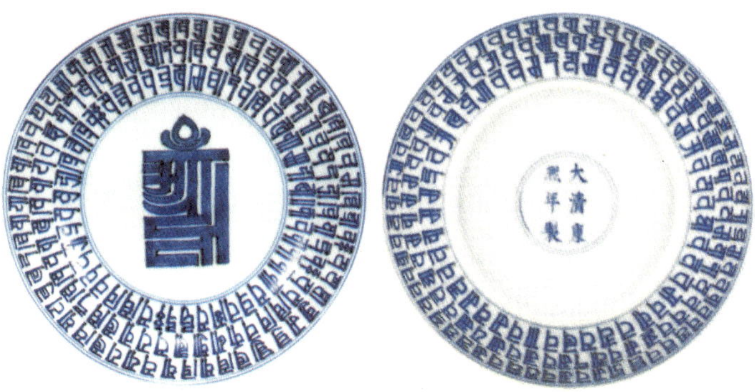

康熙青花梵文字盘，西藏博物馆藏。

清康熙青花人物楼阁菊花瓣盘及款，故宫博物院藏。

接应，青山碧水，仙云缭绕。

明中期的青花瓷上的人物绘画和元代青花瓷上的人物绘画的区别在于，从画法上看，元青花人物受当时版画影响，画风工整严谨；从题材上讲，元青花人物所表现的题材大多来自当时的戏曲或小说，所表现的画面基本都是人物故事，具有较浓厚的市井气。而明中期的青花人物受当时文人画的影响，画风潇洒自如；在题材上，所表现的也大多是文人的生活和仙人道士题材，充满文人所追求的情趣和意境，具有较浓厚的人文气息。

青花瓷从明代发展到清代的康熙时期（1662—1722），达到了一个新的高度。典型的康熙青花的青料基本上使用国产的浙江料。因为由水选法改为煅烧法，青花的发色十分鲜艳而有浓翠感。从明中期开始，青花的上色就采用分水法，但一般只有浓淡两色。到康熙时期，为了表现出青花的丰富层次和阴面阳面，开始把色料分成“头浓”、“正浓”、“二浓”、“正淡”、“影淡”五种。一碗一色，标以记号，分别使用，各不相混，根据画面的需要，以浓淡各色分染，甚至在一笔中也能分出不同的浓淡笔韵，以达到绘画中“墨分五色”、明暗浓淡不同的色调效果。康熙青花瓷有“青花五彩”之誉，也就是指这个特点。

清道光青花开光花卉纹茶壶

但到康熙后期，随着五彩瓷的发展，以及雍正朝出现了粉彩瓷，青花瓷开始淡出官窑。但在民间，由于绘制快捷，装饰形式丰富，色泽明快清新，青花瓷还仍然受到人们的欢迎，直到今天都还是中国人日用瓷器中的一个重要的品种。

五彩瓷

【釉上彩】

是低温颜色釉品种。因色彩附于器物表面，故名。先在烧好的素白釉器物上，彩绘各种纹饰，再经750℃－900℃低温炉烘烤而成。釉上彩品种有红彩、五彩、三彩、粉彩、金彩、墨彩、珐琅彩等。

明代以后，中国陶瓷由生产素瓷为主转入以生产彩瓷为主。由于青花瓷具有美艳与素雅兼收的艺术效果和优良传统，而且一经烧成，永不褪色，精粗瓷器都能应用，因此，在明代300年间的瓷器制作中，仍居于主流地位。尤其是景德镇，在青花瓷的基础上发展出了斗彩瓷、五彩瓷、素三彩、红绿彩瓷、金彩瓷等。装饰的纹样、表现的主题、绘制的手段、制作的工具和材料等都空前丰富。在这些彩瓷中，最有代表性的就是五彩瓷和粉彩瓷。

五彩瓷始闻名于明中后期的嘉靖（1522—1566）、万历（1573—1619）朝，“五彩”即多彩之意，由釉上彩与釉下青花组合而成，不仅色彩艳丽，而且画笔有趣，纹饰繁密，真正达到高峰期是在清康熙年间，因此，五彩瓷中的精品有“大明五彩”和“康熙五彩”两大类。

“大明五彩”是在釉下青花轮廓线内填加釉上彩的“斗彩瓷”基础上发展而来的。景德镇的青花斗彩在明成化年间就已发展完备，并取得了很高的声誉。到嘉靖年间，随着市场的需要，开始出现五彩瓷，只是因为没有蓝色和黑色，青花在画面的装饰中被用来充当蓝色，还往往代替黑色来勾勒线条，所以，此时的五彩瓷又被称为“青花五彩”。青花五彩在构图方面以图案花纹满密取胜，在用彩方面，则以红、淡绿、深绿、黄、褐、紫及釉下彩青花的蓝色为主，尤其突出红色，颜色

浓艳，刻意追求“华丽”效果。从嘉靖年间开始流行的青花五彩工艺到万历发展成熟，声誉日隆。由于大量出口国外，“大明五彩”早已为世界各国的中国瓷器迷所熟知。

大明五彩常见的器型有瓶、尊、碗、盏、盘、碟、壶、罐、缸、敦、篦盒、鼎炉等，以及各种玩物和文具。其中敦为各式坐敦，景德镇俗语又称“凉敦”，是当时讲究人家夏天坐的凳子；篦盒则是用瓷做成的各种胭脂盒、粉盒、印泥盒、颜料盒等；鼎炉，原为古代早期的炊具和盛器，后发展为礼器或陈设器，其中的香炉用于焚香；玩物和文具包括围棋、别棋、屏风、帽筒、笔架、笔筒、砚滴、砚台、笔管、笔洗等。图案纹饰以龙凤花草为主并有婴戏、八仙、百鹿等画面。从当时流行的器物中，我们可以看到，陶瓷产品已经深入到人们生活的方方面面，是人们生活中不可缺少的必需品。

明成化年间官窑红地绿彩灵芝纹三足炉，景德镇御窑厂故迹。景德镇陶瓷研究所藏。

大明五彩的装饰风格除深受同时期青花瓷的影响外，还受到当时其它艺术的影响，如明代是中国历史上丝绸生产发展的高峰期，产生了许多新品种，其装饰以各种吉祥花鸟和几何纹样为主，这些纹饰也被应用到当时的五彩瓷装饰。比如，锦缎中常见的团花装饰、重叠式的锦上添花装饰、锦上开光装饰等，这些装饰形式从明中期开始发展到清代，形成了五彩瓷装饰的标志性特点之一。

此外，明代版画的盛行也为五彩瓷的发展注入了新的灵感。中国早期的版画产生于唐代，那时是佛教的鼎盛时期，版画多为佛经的插图。五代两宋时期版画的应用范围渐广。特别是宋代，图书出版业的兴旺和活字印刷术的发明，使版画艺术达到了前所未有的繁荣。到元代，戏曲文学、小说、话本都很发达，并成为了最富现实意义的艺术形式，更为版画艺术的全面发展打开了局面。明万历至清初，各种戏曲小说、话本评传，都配有故事插图版画，这些版画使故事的情节更真实可感，深受读者喜欢，中国版画也进入了一个前所未有的辉煌时代。许多画家都热情地参与了插图版画的创作，在雕版艺术领域出现了大批能工巧匠，制作版画的刻坊书肆遍布各地，名刻手多集中在徽州（今安徽歙县）、南京、杭州、北京等地。其中徽州的版画冠绝群伦，曾产生过很多技艺精湛的雕版能手，在当时版画艺术中成就最高，因此在版画史上享有盛名。

景德镇毗邻徽州，两地人员、商贸往来密切，徽州刻印精美的木刻版画，向景德镇陶工展开了一个新鲜、广阔的图画世界。明万历朝以后，无论是青花瓷还是五彩瓷，表现风格都较以前有了极大的改变。技艺高超的陶瓷艺人们把版画严谨的造型、讲究的排线、用点和线的疏密组合来表现对象的阴、阳效果等手法，运用在五彩瓷中，故而当时五彩瓷具有线条刚劲有力、色彩强烈明快的特点。木刻版画对当时五彩瓷的影响还表现在装饰题材上：当时的木刻版画不仅取

明嘉靖青花彩鱼藻纹盖罐

材于流行的小说戏曲、话本评传，还取材于各种史书、地方志及著名画家的画册、画谱等，其内容除一般的人物山水之外，还有反映文人雅士心情、风尚的“岁寒三友”、“秋声赋图”、“羲之爱鹅”、“米芾拜石”等；也有民间喜闻乐见的小说、戏曲的故事情节。题材丰富、表现手段又非常精致的木刻版画，使明末五彩瓷获得了长足的发展，受画家董其昌、陈洪绶、刘泮源等人的影响，瓷面构图舒展，意境深远，出现了大量整幅画面。

五彩瓷发展至康熙时期，日益成熟、精湛，并达到了前无古人、后无来者的中国彩瓷的高峰期。因此，整个清代的五彩瓷又被称为“康熙五彩”。

康熙五彩瓷的一个重大突破是发明了釉上蓝彩和黑彩，不再用青花代替蓝色，五彩器由在青花器上彩绘，改为直接在白瓷釉上彩绘，其蓝彩烧成的色调，浓艳程度超过了青花。而此时的黑彩有黑漆的光泽，衬托在五彩的画面中，更加强了绘画的效果。绘制线条所用的调料由大明五彩使用的胶水料改为乳香油，由于这两种材料的性能不同，其表现出来的效果也就不一样。胶水是一种水质调料，这种胶水料画在光滑不吸水的釉面上，运笔时就要快、准，稍一停笔就会产生积料水迹，很难画出细致工整的线条，因而适于自由粗放的笔法。而乳香油是一种油性材料，有一定的黏稠度和韧性，用画五彩的珠明料与之调和，再用景德镇特制的料笔，在笔尖上蘸一点樟脑油将其化开再吸进笔中，只要掌握了它的特性，运起笔来可快可慢、可粗可细，宜于表现一

明万历青花五彩寿星瓷塑，座长12.2厘米，宽6.6厘米，高24厘米。

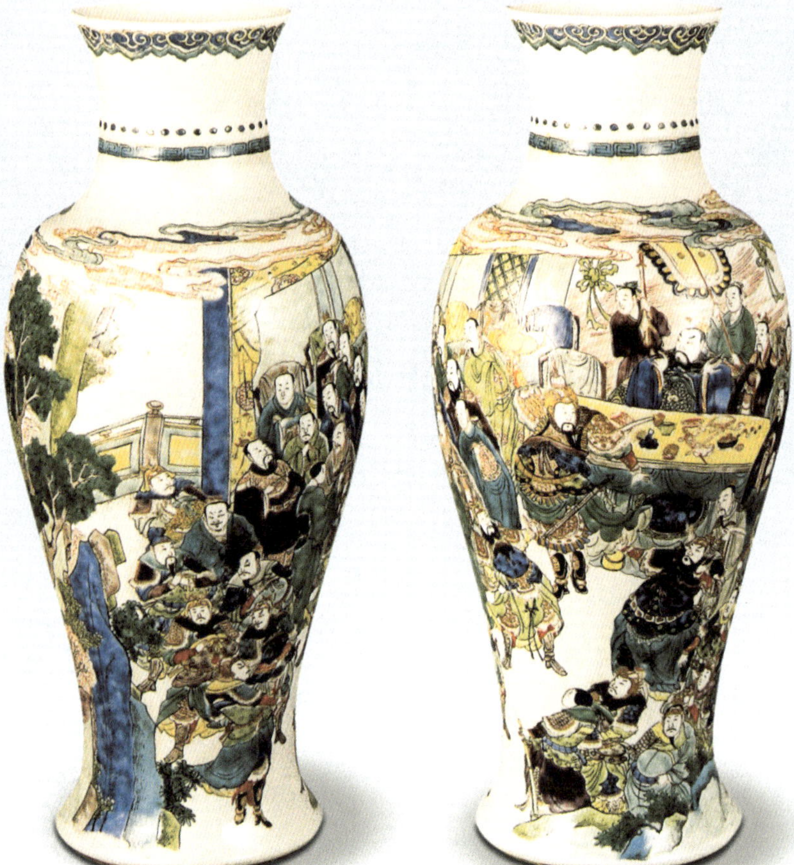

清康熙五彩人物观音尊，高45.4厘米，口径12厘米，足径14.5厘米。山东省济南市博物馆藏。

些工整细致的画面。结合这种工艺，陶工们以当时的木刻版画和年画、各种插图、绣像、画谱等为蓝本，创作出了令人赞叹的康熙五彩瓷。

明万历五彩云龙花鸟纹觚

康熙五彩瓷用的是如釉一般明净的玻璃质颜料，这种色料透明，能露出底色，但发色较火气，而且不容易填平。针对这一特性，艺人们在绘制时尤其讲究用线。如果说一般的绘画都是用面来表现明暗的话，那么康熙五彩则是用线和点的变化来表现明暗。

康熙五彩不光讲究外轮廓线的用笔，更讲究用排线来表现树干、树叶、花瓣、石头等的阴阳面。在这些用笔讲究而又密集的排线上罩以艳丽透明的五彩颜色，不仅使画面更加丰富、清新、有韵味，也使得色彩更加浓重、强烈，同时又去掉了没有线条衬托时五彩颜料艳丽的火气和轻飘感。为了加强这种效果，大面积没有线条衬托的色彩基本不存在，在不适合用线条表现的地方，就用点来表现，比如说表现地面，表现玲珑石的阴面，都常采用密集的或渐变的点来表现，俗称为“沙地”或“梅花点”；在人物的衣服上则常绘制出各种美丽的图案，俗称为“结果”。总之，工匠们在五彩瓷的工艺表现上尽可能地扬长避短，充分体现了其高超的工艺手段和应变能力，同时又将当时的绘画技法融会贯通，做到了自成一家。

康熙五彩瓷原料的选择和加工比以前更加讲究，增加了高岭土的比例，胎土淘炼得非常精细，而釉中的氧化钙含量则进一步降低；窑炉的改革又使其烧成温度进一步提高，胎质的坚硬度和挺拔度都是前所未有的。

清雍正粉彩玉壶春瓶

细腻温润、光洁密实的胎质，使康熙时的釉上彩更显得灿烂缤纷、美不胜收。也正因为如此，康熙时期的器物造型，无论大件小器，都规规矩矩，制作精良。

这一时期民窑瓷的大件产品较多，尤其是琢器，如尊、觚、鱼缸等，尺寸之大胜于明代嘉靖、万历时期，硕大的体积唤起了一种力量上的美感。同时还出现了较多的方形器皿——不是拉坯成型，而是镶接成型，有一定的工艺难度，这在以前并不多见，说明此时无论在原料的配制上，还是在成型的工艺上都达到了一个新水平，从而呈现出一种独特的艺术风貌——转折清楚明确、线角变化挺拔有力，即使是弧线，也是弧中带直，方圆结合，给人以向上、硬朗、阳刚之感。这种阳刚的造型与明朗艳丽的五彩装饰融为一体，恰恰反映着中国封建社会历史上享年最长的康熙王朝上升、张扬的时代精神。

清代的五彩瓷，不仅在工艺手段、成型方法、绘画手法上有所创新，同时在表现的题材上也达到了前所未有的丰富。康熙皇帝尊崇儒家，强调以德治国，以礼化民，这与中国的传统思想一脉相承。所谓“成教化，助人伦”的艺术功用在这一时期的瓷器上表现得较为明确，如表现忠君思想的《三国演义》、《水浒传》、《岳飞传》、《昭君出塞》等战争故事场面，即民间所说的“刀马人”，常以大幅图画出现在五彩瓷的装饰上，气势恢宏、动作精彩夸张，不仅在国内受到人们的喜爱，也备受当时西洋画家的青睐。另一类则是反映文人学士生活和爱好的画面，如“羲

清康熙五彩人物瓶

之爱鹅”、“东坡爱砚”，“渊明爱菊”、“茂叔爱莲”、“竹林七贤”、“岁寒三友”、“秋声赋图”、“米芾拜石”等。再就是象征多子的“榴开百子”的石榴图案；象征多子、多福、多寿的由石榴、佛手、桃子组成的图案；还有“望子成龙”、“麒麟送子”、“子孙满堂”等祈福的吉祥图案。而官窑人物以劝勉农桑、奖励耕织的“耕织图”为最佳。康熙三十年（1691年）后，由于广开科举，弘扬汉文化，瓷器上开始大量地书写诗文词赋，一些“状元过街”、“独占鳌头”、“东坡题诗”之类的题字画面，书法工整、布局严谨。这类以文字作主题的陶瓷后来被视作清代陶瓷装饰的一个典型特点。

粉彩瓷

继康熙五彩瓷后，出现于康熙晚期的粉彩瓷至雍正朝达到了历史上的最高水平，就像五彩瓷被称为“康熙彩”一样，粉彩瓷又被称为“雍正彩”。相对于五彩瓷的强烈明快、华贵深凝，粉彩瓷艳丽清逸、色调柔和，所以，五彩瓷被称为“硬彩”，粉彩瓷被称为“软彩”。

粉彩瓷是在五彩瓷的基础上，由珐琅彩衍生出的一个新品种，它是在五彩所用的色料中掺以俗称“玻璃白”的氧化铝、硅、砷的化合物，利用其乳浊作用有意减弱色彩的浓艳程度，使用纸本绘画的渲染和设骨画法涂饰花纹层次，色阶繁多，色调温润柔和，因彩色出现浓淡凹凸的效果而有明显的立体感。胎质洁白无疵，有的含铁量只有0.7%—0.8%。所绘花鸟虫鱼形态逼真，其精者甚至到了“花有露珠，蝶有茸毛”的程度，充分反映了雍正时期制瓷工艺的精致细美。

粉彩瓷的出现，与“瓷胎画珐琅”，即“珐琅彩”有密切的关联。它之所以在中国漫长的陶瓷上占有一席之地，不仅因其工艺精美，更因其背后是持续至今的近现代中西交流的大背景。清朝初年，满清皇帝身边聚集了一群来自欧洲的“饱学之士”，这些西洋人行走清宫，向满清上层社会和知识阶层介绍西方科技和文化。这其中有通晓汉语诗文和历史的法国传教士冯秉正（1669-1748）、精通音乐的葡萄牙人徐日升（1645-1708）、以画家身份入宫的意大利人马国贤（1692-1745）、供职译学馆的意大利传教士德理格（1670-1746）、为康熙作过翻译并每天入宫为他讲授几何学的法国神父张诚（1654-1707）、深得康熙信任并和张诚一起在宫中建造化学实验室的通晓满文的法国学者白晋（1656-1730）、在清宫造办处供职的法国珐琅师格里弗雷、雍正元年入供内廷的意大利画家郎世宁（1688-1766）、谙熟清乾隆铜胎珐琅彩和西历法的意大利人闵明我（1618-1686）、随康熙前往热河行宫教授贵族子弟的法国汉学家巴多明（1665-1741）等，他们在中西交流史上是值得纪念的人物，对中国传统文化西传都作出了自己的贡献。

这一时期，欧洲各地的工艺美术品随着来华使臣和传教士纷纷涌入清宫。在诸多的洋货中，华丽高雅的珐琅工艺品在康熙皇帝的眼中似乎比当时流行于世的五彩、斗彩更适合皇室富贵华丽的装饰需求。当时由法王路易十四特派来华并在康熙内廷供职的法国学者洪若遂写信回国，于是，一批精美的珐琅工艺品被运进清宫。

清乾隆粉彩缠枝花纹多穆壶，故宫博物院藏。

清乾隆广彩浆胎扁瓶，高25厘米，口径7.5厘米，底径10厘米，广东省博物馆藏。

糖果小盘（一套四只），长10厘米，宽10厘米，高2厘米。澳门博物馆藏。

从康熙五十年（1711年）以后，清宫便开始使用进口的胭脂红、玻璃白等颜料试制珐琅器，并邀珐琅师格里弗雷正式入职清宫造办处主持研制用瓷胎取代欧洲珐琅在铜胎上色的方法。到康熙五十九年（1720年），在瓷胎上绘制珐琅彩基本试烧成功，作品多为小型日用器皿，如盘、碗、瓶、壶之类，但绘制不精，惯用色地填彩花卉或加写文字，纹饰比较简单，色彩浓艳深厚而凝重，所用珐琅料都是从国外进口的，有红、黄、白、粉红、蓝、紫、绿、黑等色。康熙珐琅彩的装饰主要以花卉为主，由于有西洋画师参与制作，所以或多或少受到了当时流行于欧洲的巴洛克艺术风格的影响，那种豪华富贵气质恰好迎合了清宫讲究排场追求华丽的装饰心理。

雍正皇帝即位后，他对珐琅彩的酷爱与康熙皇帝相比，有过之而无不及。他经常亲自参与珐琅彩画稿的设计和修改，对于原料也要求严格，因而珐琅彩制品较以前大有改进，胎质洁白无瑕，色彩细腻华美，有的器物薄如蛋壳，彩绘也从康熙时期仅限于花卉图案演进到与中国工笔画重彩风格日趋一致，而且由于受西洋画的影响，比工笔重彩的层次更加丰富而有立体感，其章法布局则基本遵循中国传统绘画融诗词、书、画、印于一体的格局，在瓷器的画面上以优美娟秀的小楷诗句补白，并间以各式印章与诗词相呼应。那些以阴阳文篆写的、金石味极浓的印章，附在诗句之首位或画面的空白处，增添了瓷器的书卷气。而这种风格一直延续到粉彩瓷的绘制，使景德镇的瓷器装饰在清中期以后与同时代绘画的关系更加紧密。

清光绪粉彩“富贵白头”五子攒盘，是一种盛小菜和茶点之器，且为一种雅玩。

雍正彩以绘画为主，兼用刻、印、划、堆塑和镂雕工艺。绘画上承康熙的清秀典雅风貌，笔触更精细纤柔，构图疏朗，简洁清晰。花鸟画多受画家恽寿平“设骨”绘画影响；山水画则仍以当时盛行的四王画为宗，只是设色比康熙时浅淡，画笔更为细腻；刀马人物等传统故事画面继续盛行；仕女人物时常有汉装形象，身材和面部修长清秀，与当时崇尚纤弱仕女的风气有关。纹饰中，花卉内容最丰富，常见的有牡丹、桃花、海棠、菊、三秋、九秋、落花流水等。

清光绪浅降彩《渊明爱菊图》长方倭角镂空枕片花（对）

进口的西洋料到了不能满足宫中珐琅彩对中国传统绘画意境执着追求的地步，于是，宫中制瓷高手开始自制珐琅彩料，经过长期努力，终于制作出了18种珐琅彩色料，比从西洋进口的珐琅彩还多了9种。

珐琅彩虽然富丽豪华，又有较强的写实性，但由于色料昂贵，不易普及，只能在宫廷小范围内绘制。

康、雍、乾三朝所烧画的珐琅器多用蓝料、胭红料堆写年款，康熙珐琅彩款识多用楷书写“康熙御制”四字，双层方边外宽内窄；雍正款识笔体以仿宋体字为主；而乾隆款识比前两代增加了篆书款。这也是判别清初珐琅彩的重要依据。这类瓷器由于使用了比较贵重的彩料，加以绘画精工不同凡俗，当时为宫廷独有，除个别作品赏赐给了重臣外，平常人极少得到，也正因如此，后来仿品迭出，甚至到了以假乱真的地步。

清乾隆粉彩西洋人物双体瓶

在这种情况下，景德镇的陶瓷艺人在传统的五彩瓷料中加进溶剂，以降低彩料的浓艳度和烧成的温度，使明艳的五彩色变得柔和淡雅。“玻璃白”是粉彩中最重要的颜色，在粉彩颜料中有一系列不透明的粉彩颜色，如粉黄、宫粉、松绿、粉翡翠等，这些颜色都含有“玻璃白”的成分，其特点是不透明，粉质轻软，有一定厚度。另外，粉彩还有一个特点就是，在画面上处理衣服或花瓣之类层次变化多的地方，用“玻璃白”打底，再在上面用较鲜艳的颜色渲染，就能绘出如珐琅彩般的立体效果。

由于粉彩瓷的颜色种类丰富，并且色泽柔和，表现手段比青花、五彩更加多样，通过颜色的洗染、烘托，能使表现的对象更具真实感和立体感，因此甫一上世，便受到了普遍欢迎，不仅在官窑的生产中占了主流，在民窑的作坊中也大量生产，很快取代了五彩瓷在市场上的份额。雍正、乾隆时期是粉彩瓷发展的高峰，官窑的粉彩瓷至精至美，民窑的粉彩瓷生动潇洒。

到了乾隆时期，由于粉彩瓷精品往往专供达官贵族使用，天球瓶、葫芦瓶，牛头尊、八吉葫芦形的挂屏和青花粉彩的各种插屏等器型极为普遍，还不惜工本追求各种新奇制品，其品种之多和制作之精都超越了前朝。如粉彩笔筒、墨床、笔杆、镇纸、印泥盒、书函式的浆糊盒等等，式样新异，无不精工细作，仿其它材质做成的如意、龙头带钩、鼻烟壶等用具也屡见不鲜，反映了当时统治阶级的生活方式及其趣味。

粉彩瓷发展到乾隆时期，虽然技艺俱精，但在造型及装饰方面渐趋繁缛，有的追求形式或炫耀技巧，有的刻意追求寓意双关，趣味不高，因此富丽堂皇有余，淡雅古趣不足，甚至有因刻意求工而顿失瓷质之感的情况。其后，嘉庆（1796—1820在位）、道光（1820—1850在位）两朝粉彩瓷生产仍居大宗。再以后虽有生产，但佳作不多。值得一提的是咸丰皇帝（1850—1861在位）亲题楷书年款，因其书法功力不凡而屡屡被鉴赏家称道。

由于与欧洲艺术风格频繁接触，清中期以后景德镇的陶瓷艺术风格一改清初清新、雅致、刚健的格调，而呈现出一派华丽、纤巧

清嘉庆黄地粉彩开光御题诗壶

清乾隆粉彩百鹿尊

和繁缛之风，形成了中国封建社会末期典型的宫廷艺术风格。自然质朴不再是中国陶瓷艺术追求的主流，而华丽的人工装饰取而代之，并一直延续到清末甚至民国时期（1912—1949）。

清乾隆粉地粉彩开光菊花纹茶壶，故宫博物院藏。

这一时期粉彩瓷艺术风格形成的另一个主要因素，就是市民文化的流行。这一时期在景德镇官、民窑陶瓷的画面上盛行的各种吉祥纹样和画面都来自民间流传久远的民俗故事和民间信仰。雍正时期追求儒、释、道合流的官方信仰与当时市井文化的蓬勃发展，为这些反映民间习俗的吉祥图案进入官方正统艺术领域敞开了道路，因而不仅官窑粉彩瓷，甚至整个景德镇粉彩瓷的装饰几乎都少不了吉祥的寓意。常见的有“鱼戏莲”、“狮子滚绣球”、“蝶扑瓜”、“石榴多子”、“枣（与“早”谐音）生贵子”、“三阳开泰”(旧时以“三阳开泰”为岁首称颂之语，寓意冬去春来，阴消阳长，是吉祥的象征。）、“马上封侯”、“六合同春”、“连连有余”等，图案范本来自传统的陶瓷纹样和当时流行的木刻版画、年画，以及其它民间工艺品。由于中国人有追求圆满、热闹的心理，所以这些纹饰大都繁满艳丽，有的器物甚至布满纹饰而不露底色，如当时出名的“粉彩万花图”。另一方面为避免图案布满器物，又设法留出各种不同形状的空白，有的如花瓣形，有的是各种几何形状，景德镇俗称“开堂子”。

景德镇从元青花发展到晚清的粉彩，可以说在制瓷技术上达到了相当娴熟的程度，尤其是粉彩的绘制，已形成众多的程式；而瓷画与同时代的绘画艺术

清乾隆粉彩折枝花纹八吉祥纹梅瓶，故宫博物馆藏。

保持密切联系的特点，也一直延续至今。为了传承这些程式化的技艺，景德镇陶瓷艺人间流传着许多传艺歌诀，比如对人物五官的比例有“三停五眼”、“像有八格”之说；对人物动态的比例则有“行七、坐五、盘三”之说，也就是说人站着有七个头高，坐在凳上有五个头高，盘坐于地则有三个头高；在画不同年龄性别的人物时提出了“四无身段”，即“美人无肩，勇士无颈，老叟无胸，孩童无腰”的说法；讲到人的动态时，则以“小姐愁里藏娇，丫头话中带俏。公子痴里含秀，书童憨中有谋”为准则；表现高士图中的高士，常辅之以“持皮鞭，骑毛驴，山泉小桥，诗人味；呼书童，携手笔，空谷石壁，题佳句；备美酒，对围棋，悬崖奇松，鹰展翅；乘小舟，拨瑶琴，高山流水，遇知音”的画境。除大量表现人物的传艺歌诀外，也有少量表现景物的，如论水色“春绿、夏碧、秋青、冬墨”；论天色“春晃、夏苍、秋净、冬黯”；论四时山景“青山澹阔而如笑，夏日苍翠而如滴，秋山明净而如妆，冬山惨淡而如水”等。

景德镇的陶瓷艺人正是用这种传诵艺诀的方式，延续着师承关系，这些传艺歌诀是陶瓷艺人世代相传的经验之谈和学艺心得，也是他们学艺和传艺的方式。通过长期的观察和揣摩，他们对人物的音容笑貌、动态风姿、神情传递等都有深刻入微的了解，并在以景物来烘托气氛，以动物、道具配合表现人物身份和情绪等手段中摸索到了艺术规律，这些艺诀的运用使得陶瓷的制作更趋纯熟和程式化。

茶之紫砂

江苏的宜兴窑历史悠久，传说始自越国大夫范蠡，他以在此地作陶致富，人称“陶朱公”，从前宜兴窑的窑户都奉他为“陶祖”。而考古发掘证明，早在新石器时代，当地就已开始烧制陶器了。宜兴所产陶器闻名于世，则是在明代以后，其中享有盛名的是蜀业镇一带出产的素胎紫砂陶器。

从文献上看，早在北宋时期即已有所谓的“紫泥”器物出现，可见其制作历史相当久远。此种陶器胎质细腻，含铁量高达9%，在1200℃左右的高温下烧成，呈赤褐、紫红或黑紫色，密质硬度都很好，所用原料为宜兴当地特产紫、红色泥。

明嘉靖紫砂柿蒂纹提梁壶，高17.7厘米，壶口7.7厘米。南京博物院藏。

紫砂泥是一种高可塑性粘土，有比较好的成型性能，可以制作茶具、文具、酒具、烟具、花盆等日用器皿，有较好的实用功能。紫砂器不挂釉，在600倍的显微镜下可以观察到它的双重气孔，胎体有较强的吸水性，有良好的吸附气体性能和透气性，现代的研究成果证明，紫砂器透气不透水，有保持茶香和种花不烂根的特性。

清代紫砂南瓜壶，陈鸣远制。南京博物院藏。

早期的紫砂器主要是壶、罐两大品种，胎质较粗，制品不精，只在民间做煮水、煮茶之用，而后才被上层社会选用作茶具和雅玩。约在17世纪后期，紫砂壶的造型在方、圆两大型系之外，逐渐出现了极富自然情趣的“花果”象生型，深受文人、茶客的青睐。这些自然形象造型的紫砂器传世品中有南瓜壶、树椿壶、断松壶、竹方壶、秋葵壶、佛手壶、田螺杯、石榴盒、荷叶盂等，在造型上将视觉的美感与器物的功用糅合在一起，颇具匠心。这种雅玩有蔬实、瓜果、笋竹、虫螺、鸟兽等几大类，以清代两位紫砂名家陈鸣远做的“东陵瓜壶”和邵大亨做的“束竹八卦纹紫砂壶”最为世人称道。

说到茶具，唐代以前，茶器与食器是不分的。随着饮茶风气的盛行，茶器日趋工巧。唐代末年出现了饮茶最理想的器具——紫砂壶。紫砂壶的产地宜兴，位于苏、浙、皖三省交界处，地处太湖之滨。在唐代，这里已是著名的产茶基地，许多名茶年年进贡皇宫。紫砂陶器的兴起和发展是和茶叶产地、饮茶风尚、煮茶方法以及茶具的相应变化密不可分的。可以说，正是从宋代开始，将茶作为饮料的普及与文人士大夫阶层崇尚饮茶之风，直接刺激和推动了紫砂茶具的成熟。

同样因茶获益的还有宋代闻名的福建建阳窑黑釉瓷茶具。据宋代文人蔡襄所著《茶录》（1049—1056撰）的说法：茶汤色白，所以宜用黑盏，而建阳所造黑中透红的黑釉茶盏，瓷质纹理细如兔毫，其胎坯微厚，盛放茶汤不易冷却。另一方面，在当时文人阶层盛行的

乳欧壶，由清代著名画家、篆刻家陈鸿寿（1768－1822）将设计好的壶交给陶艺名家杨彭年制作而成。南京博物院藏。

清道光万泉六方壶，南京博物院藏。

清乾隆宜兴紫砂胎珐琅彩描金菊瓣壶，口径6.5厘米，底径8厘米。故宫博物馆藏。

“斗茶”之风评断下，建窑黑瓷更无可争议地成为“最要用”茶器，因此建窑曾专为宫廷烧制黑釉茶盏。而古代文献中多有称誉、为当时文人津津乐道的是“油滴”和“兔毫”两种黑釉瓷。这种饮茶首选建窑黑釉瓷的风气，甚至深深影响了日本的茶道和日本的陶瓷业，号称日本“陶祖”的加藤四郎就曾到建阳学习制瓷术。

宜兴紫砂茶具从北宋开始兴起，到明代，造壶名家辈出，造型奇巧、装饰大方的宜兴紫砂壶广为流行起来。紫砂壶之所以在明代以后名扬天下，显然也与饮茶风气有关。当时由团茶改为散茶，开始以水冲泡茶，再用小盏泡茶不利保温和清洁，因此改用茶壶。特别是明中期以后，随着茶饮方式的改变，人们对茶“色、香、味”的要求也越来越高，对壶的评价也是“宜小不宜大，宜浅不宜深”。于是，紫砂壶的造型向小巧玲珑、朴素典雅的风格发展，追求“壶妙茶香”的艺术境界。以小壶泡茶，从16世纪末流传至今，已有400年的历史。用紫砂壶泡茶，散热慢，茶壶盖上有气孔，不致在盖内凝结水珠滴入茶中致使茶水发酵走味，而且由于壶坯经过高温烧制，即使将茶壶放在炉子上煨炖也不易破裂。紫砂壶使用年代愈久，色泽越光润典雅，泡出来的茶香气越醇厚。而爱壶之人更喜欢用不同的壶饮不同的茶，以使其壶日久味纯。

紫砂陶器有一个不同于其他陶瓷制品的特点是，紫砂名陶多以造器大师命名而身价倍增。明代中期人龚春就是将素有历史传统的紫砂器推进到世所瞩目高度的造壶名家。据传说，龚春原名“供春”，曾从僧人学习制陶术，其作品“粟色，如古金铁，敦厚周正，极造型之美”，从此名噪于世。“龚春壶”，亦即“阳羡茗壶”，自成系统。龚春之后，紫砂名手辈出，明有“壶家妙手称三大”的时大彬、李（大）仲芳、徐（大）友泉，以及陈用卿、陈仲美；清有陈鸣远、杨彭年、邵大亨；近代则有裴石民（1892—1977）。但这些名家的传世真迹已极为罕见。

清代紫砂石榴形小杯，陈鸣远制。

由于不少文人雅士直接参与紫砂壶的设计和制作，小小茶壶集诗文、书画、篆刻、雕塑于一体，因而具有了很高的艺术价值和文化价值。每一件紫砂壶的问世，无不将人的爱好、情趣甚至生活态度注入其中。壶与茶给予人的，不只是唇齿留香的感官享受，而且让饮茶人在把玩到富有想象力的视觉形象后产生了爱不释手、终生相守的情怀。爱茶的人，大都喜好把玩茶壶，出自名家之手、做工精良的宜兴紫砂壶，相当名贵，价比黄金，“藏壶”或“养壶”至今仍被视作一种高雅的习惯。

明清出口瓷

中国的瓷器在唐代就已输往国外，如越窑、邢窑、唐三彩等。到了宋代，陶瓷业蓬勃发展，各窑产品层出不穷，来自国际市场的需求与日俱增，而与之密切相关的造船业在北宋时期已很发达——能造十桅十帆的大船，可载四五百人，载重达十五万公斤，而且已经发明了指南针应用于航海，船上设备齐全。同时，宋朝在广州、泉州、宁波、杭州（前三个都是海港，而杭州则因其为京杭大运河的南端及南宋都城所在地）等地设立了“市舶司”，并派员到海外进行对外贸易，在税收政策上也给予支持甚至奖励。到南宋末年，荷兰人到泉州贩运瓷器，价格每与黄金相等。当时出口瓷器有青瓷、白瓷和青白瓷三个品种。宋代制瓷技术也随之外传，朝鲜半岛出现过仿越窑和仿汝窑青瓷；被日本陶瓷业奉为“陶祖”的加藤四郎左卫门景正也曾到过中国的福建学习制瓷术，归国后制作出了黑釉瓷器。

唐邢窑白釉执壶，瑞典ULRICEHAMNS东方艺术博物馆藏。

元代陶瓷在中国数千年的陶瓷史虽只占据了百多年时间，却以其大量的海外订单贡献卓著。当时出口的主要陶瓷品种有龙泉青瓷、景德镇青花瓷、磁州白地黑花瓷等，不仅对朝鲜半岛、日本、越南、泰国、伊朗、土耳其等的陶瓷业影响广泛，而且对那里的绘画装饰也产生了影响，对于沟通中外文化起到了不容忽视的作用。

这样，到了明清时期，中国瓷器便迎来了出口的高峰。明代以前中国的陶瓷产地遍布大江南北，但明清以后却是景德镇一枝独秀，成为全国制瓷的中心地。这一方面是由于许多窑口纷纷衰落，而元青花瓷的生产为景德镇发展奠定了基础；另一方面官窑设立在景德镇，这里的制瓷原料来源丰富、对外交通便利、成熟的陶工充足，使得景德镇不仅垄断了国内的陶瓷市场，而且独霸广阔的海外市场。从明嘉靖朝到万历朝，景德镇官窑的生产数量成倍增加，而民窑到嘉靖年间也多达九百余座，陶工达十万人之众。烧制的陶瓷产品除继续销往日本和东南亚国家外，还销往欧洲。

明初郑和下西洋时带去了许多精美的青花瓷，使中国瓷器继续蜚声海外。明中期，也就是15纪以后，随着欧洲航海业的发展，来自葡萄牙、西班牙和荷兰的商人驾着巨大的海船，满载打火石、望远镜、钟表、各种铝制品等货物，沿途交易，陆续登陆中国后，再从中国采购大量的瓷器、丝绸、茶叶运回欧洲贩卖。对于这些远渡重洋的船只，不怕潮的瓷器是压舱最理想的货物，因此，这些商船往往是底下放瓷器上面放丝绸和茶叶。这项利润颇丰的贸易，不仅繁荣了当时的经济，更促进了东西方的友好关系。

从17世纪开始，中国与亚洲其他国家及欧洲的瓷器贸易进入一个新的阶段。当时欧洲各国的上层社会以搜集中国瓷器为时尚，从而使景德镇外销瓷产量骤增。荷兰商人把欧洲流行的器皿造型、纹样介绍到中国来，以使景德镇生产的日用瓷更符合欧洲人的习惯。

北宋定窑“尚药局”铭白釉小缸及底，瑞典ULRICEHAMNS东方艺术博物馆藏。

【制瓷术外传】

中国制瓷术早在南宋时期即已自福建东传到了日本，此后较有影响的是，明代后期日本人伊势人五良太甫随僧人到中国景德镇学习制瓷术，其作品在中国和日本均有留传。1685年，日本著名的“伊万里烧”产地有个叫东岛德右卫门的匠师曾向旅日的中国制瓷师傅学习“五彩夹金”技法，并在日后研制出卖给中国商人的日本陶瓷制品。中国制瓷术传入西方是在清代初期，那时正值中国制瓷业蓬勃发展时期，技艺精湛，经验丰富，一位法国传教士殷弘绪（Le P. d′Entrecolles）在景德镇居住七年，将不少陶瓷配方和技艺记录下来传播到了欧洲。学习到了制瓷技术的欧洲国家一时竞相仿制中国瓷器。

因此，这一时期的瓷器纹饰除传统的花鸟、瑞兽及人物图案外，还常见有西方国家的族徽、外国文字、罗盘、经书、喷水图及西洋风景画，边饰开光或镂雕，内绘枝花或硕果。造型有深壁花口大碗、壶、折沿花口盘等。当时最流行的花瓶造型是一种叫“角德利”的方瓶，这种方瓶的造型基本摹仿欧洲的玻璃酒瓶，在瓶颈上绘制的郁金香花也是欧洲人所喜爱的花纹，其装饰手法大都和其他专为欧洲人制作的青花瓷品种类似，非常精巧。

1602—1644年，荷兰东印度公司贩运到印尼各岛的明瓷总额在42万件以上。仅1636年一年里，从巴达维亚运到爪哇万丹齐里彭、亚帕拉、第加尔、贝加龙干、桑丹、答里、安汶、苏门答腊詹卑、英德拉哥里、西巴里巨港、苏门答腊西海岸和亚齐、婆罗洲、苏加丹那、马塔甫拉和文郎马神等地的瓷器，总数就高达38万件。

现在所发现的荷兰东印度公司向景德镇订购瓷器最早的订单，是1608年交给在马来半岛东岸的中国商人的那份，订单上非常详细地指明了所要的品种、器皿、尺寸，而且都是按照欧洲人的日常生活中所需的式样专门为欧洲人烧制的，烧制好后立即运往欧洲。1635年荷兰驻台湾总监向阿姆斯特丹公司汇报订购中国瓷器时说，他交给中国商人采购大盘、大碗、冷饮器、大罐、大杯、盐盆、小杯、芥茉瓶、宽边扁盘、带水罐面盆的订单，往往附上用木头制做好的模型及一些用纸描绘好的纹样，供景德镇陶工在制作时参考，还用中国字标注样品。用于出口的成套瓷器都是定制，预先付款。这类瓷器在中国是不用的，中国人只拿它来出口，这也是许多流传到国外的陶瓷精品在中国难得一见的原因。

在当时的瓷器贸易中，除欧洲商人外，中国的南京商人和广州商人也参与了竞争，根据荷兰人记载，荷兰殖民者侵入爪哇后，荷兰东印度公司的船舰常会遇到中国商船停泊在爪哇，以美丽的瓷器和丝绸与当地人贸易。而来自日本的商人则大多出于对茶的浓厚兴趣，到景德镇大量购买瓷器。在京都就有一个专做中国工艺品生意的商人，叫新兵卫，他喜欢陶瓷，并做了大量的陶瓷生意，他通过南京商人将日本织部地区喜好的茶器、远州地区喜好的水罐和手钵等式样，托人做成模型，发往景德镇订制。

元青白釉刻花云龙纹梅瓶，瑞典ULRICEHAMNS东方艺术博物馆藏。

明末，由于朝政动荡，官窑停烧，景德镇的民窑陶工一方面找到了新的高岭土资源，另一方面又摆脱了官窑的束缚，他们根据不同客户的需要，生产着不同特色、不同风格、不同品种的产品。就日本来说，由于日本织部茶人喜欢粗犷、潇洒的风格，景德镇的陶工们就为其烧造了以大写意手法绘制的，极其抽象又极刚健奔放的青花瓷，还有同样风格的、被现代中国陶瓷界称为红绿彩的“天启赤绘”（天启是明朝倒数第二个统治者的年号，1621—1627年，因红绿彩出自这一时期而得名）。这些风格朴素不加雕琢的写意青花瓷及红绿彩受到日本茶人的欢迎，现在还能找到许多这类存世实物。当时景德镇的青花瓷一般分厚薄两种，厚胎一般都是输往日本去的（出口到日本的红绿彩一般都做成厚胎，很少有薄胎，因而形成了一种特殊的豪放的风格）；而薄胎则是在国内或其他国家销售。

针对欧洲市场，景德镇的陶工们制作了一批图案性、装饰性极强的青花瓷。这类器物种类很多，有碗、壶、瓶、盘等，其中以盘类居多。其装饰手法是将器皿不同部位分成等分相同或不同的几何形“窗口”，然后再在里面配以水果、花卉等华丽的图案，而每格大“窗口”边上又以小“窗口”隔开，在这小的“窗口”往往饰以八宝纹、璎珞纹等，这些几何形的窗状纹样好似芙蓉花瓣，故被日本人称为“芙蓉手”，而欧洲人则称之为“克拉克”瓷。在盘子中间的主要画面里一般以当时北欧流行的静物画和风景画为装饰。另有一种在壶颈上装饰着郁金香、壶体上描绘着芙蓉手式的轮花纹酒壶，式样非常优美，造型和欧洲的银器很接近。这些瓷器制品制作非常精细，胎体薄而讲究，欧洲人非常喜欢，以至不惜重金购买其中的精品。欧洲人买到这种瓷器后非常珍视，常常为其加上金属配件，有些碗做得较薄，为了防止端起来烫手，就给碗套上一种连着碗口和碗底的金属的环，两边还安有非常讲究的提手。对于上面提到的那种酒壶则在壶嘴上加一个银制的套子，通过一根银链将套子连接在壶颈的银环上。这些金属的陶瓷附件，不仅更方便使用，还增添了器物的美感和华丽的气氛。

在供不应求的“芙蓉手”瓷器的基础上，崇祯（1628—1644）初年，从日本远州一带来的茶人向景德镇订购了一批工整性、图案性、装饰性都较强但又体现日本风味的茶器，也就是后来被冠之以“祥瑞”之名的日用器皿。它们不再像前代出口到日本的青花瓷或红绿彩瓷那样强调绘画性，而是注重画面的装饰性和图案性，装饰手法更加多变，常常让图案和绘画、具象和抽象相互对比衬托。之所以叫“祥瑞瓷”，是因为这些瓷器的底款都写有“祥瑞”或“吴祥瑞”等字样，有的还写着“五良大甫”。在日本陶瓷界有人认为，“祥瑞”瓷的制作者是日本人，他在中国呆了20年后回到日本，将中国的制瓷技术带到了日本。但也有人持不同意见，认为“祥瑞”的制作者是中国人，跟日本人没有关系。不管怎么说，明末中国陶瓷生产的确在当时的日本有很大的影响，日本的有田、伊万里、京都等地，在中国的影响下也开始烧制瓷器，继而出口到欧洲。尤其是在清朝初年，由于清政权刚刚建立，局势不稳定，又开始禁海，一度停止了对外贸易，日本陶瓷界趁此机会大量仿制中国瓷器，并在底款落有中国的年号，将其出口欧洲，也正因为如此，极大地带动了日本陶瓷业的发展。

明末的景德镇，除了青花瓷之外，还开始生产彩瓷。前面已经介绍，景德镇为日本茶人制作了不少风格粗犷的红绿彩瓷器，而在此基础上，又出现了一个新的瓷器品种，即“大明五彩”。大明五彩瓷的装饰风格类似出口到欧洲的装饰性青花瓷，同时受到天启红绿彩奔放风格的影响，多用红、黄、蓝、绿、紫、黑等颜色来装饰，非常讲究，一般还在容易出现剥釉的口沿部位镶上一道酱色的紫金釉。“大明五彩”发展得非常完善，在增加和丰富了色彩的同时也形成了华丽豪放的艺术风格。除满足国内大量需求外，日本及

(左) 明青花花卉军持，高21.5厘米。军持造型种类很多，早在宋代已经出现并大量外销。(右) 日本江户时代仿明青花军持，高22厘米，装饰图案从布局到画法、纹样都与中国的极为相似。

明宣德青花竹石芭蕉纹玉壶春瓶

欧洲商家也大量购买这些明末的五彩瓷，这也是历史上景德镇民窑对外输出量最大的时期。

清初，由于政局未稳，顺治朝（1644—1661）和康熙（1662—1722）初年实行严厉的海禁。到康熙二十三年（1684年）才开放海禁，中国开始了比明代更大规模的瓷器输出。此时，中国瓷器仍然保持着明代以来在日本和西欧的市场份额，法国路易十四时期还曾专门成立了中国公司，到广东订购带有法国纹样的瓷器；沙皇俄国彼得大帝时期（1682—1752）也源源不断向中国订购瓷器；来自美洲、非洲、澳洲等地新的贸易伙伴也通过各种渠道购买中国瓷器；菲律宾、印度尼西亚、马来西亚等东南亚国家仍是中国瓷器输出的重要市场。这些海外采购商有的是在景德镇直接订购成品，有的则到景德镇订购白胎，再到中国的广州或福建、浙江沿海加工后转运。

元青花花卉纹八棱玉壶春瓶

18世纪前期，欧洲很多国家都被允许在广州开设贸易机构，最早获得这一权利的是英国东印度公司（1715年），此后，法国于1728年、荷兰于1729年、丹麦于1731年、瑞典于1732年先后在此设立了贸易站点，进一步为中国瓷器的外销创造条件。这一时期有些国家的船舶获得了到广州的直接通航的许可（而在以前只是临时性的），更方便了中国瓷器经常地直接运往欧洲。随着中国瓷器贸易的发展，在国外一些商业中心城市也出现了经销和承接、委托定制中国瓷器的专门商店。1774年的英国《伦敦指南》中说明，在伦敦至少有52家这样的商号。从17世纪下半叶开始至18世纪，中国瓷器在世界各地，特别是在欧洲，不仅作为日用品受到广大阶层的喜爱，而且在贵族社会，拥有优质的中国瓷器被当作炫耀财富的手段。当时中国瓷器的输出，有清朝政府对各国外交使节的“赐赠”和对外贸易两条途径，一般来说赐赠出国的瓷器都是官窑瓷，而贸易输出的多半是民窑器。

在大量的外销瓷中有相当一部分是景德镇民窑照订货合同根据国外市场的需要特地生产的，特别是销往欧洲市场的那部分商品，产品的种类、造型、装饰每年都要根据欧洲市场的不同需要而特制。外销瓷的增多和国内所需日用瓷的大量生产，使景德镇官窑、民窑空前兴旺，品种不断创新：独步当朝的青花、绚丽多姿的五彩、刻意求真的仿古瓷、以及崭露头角的粉彩和珐琅彩等，都取得了空前的成就。

当时的欧洲商人来到中国，先在澳门落脚，后到广州。清代中叶，广州、澳门一带商船云集，商务繁忙，这时国内一些商人投其所好，在景德镇烧制白瓷，运至广东，另雇工匠，仿照西洋画法，加以彩绘，于珠江南岸开炉烘染，制成彩瓷，然后直接卖给欧洲商人。一位美国旅行者于乾隆三十四年（1769年）参观广州珠江南岸的“广彩”加工场后描述说：“在一间长厅里，约三百人正忙着描绘瓷器上的图案，并润饰各种装饰，有老年工人，也有六、七岁的童工，这种工场当时竟有一百多个。”这种在广州加工的釉上彩瓷器又被称为“广彩”，广彩的发展取代了很大一部分景德镇釉上彩瓷器。

明清时期，景德镇瓷器大量出口到世界许多国家，不仅是商业贸易活动，也是一种文化交流。一方面中国瓷器的大量出口，使得中国的文化艺术对不少国家产生了影响，以欧洲为例，来自中国的影响明显地可分为两个阶段，第一个阶段是1594年－1720年，这一阶段欧洲人从中国大量购进各类瓷器，在欧洲人的眼里，中国的艺术是世界上最美的艺术，中国的文化是世界上最灿烂的文化，甚至中国的政治制度也是当时世界上最完善的制度，他们对中国充满了美好向往，认为那是一个遥远、神秘和值得仿效的理想国。

1702年，德国人秘密研究烧成青瓷，1710年，又开辟了专烧白瓷的窑场，德国成为了欧洲第一个揭开制造硬质瓷器珍贵奥秘的国家。德国海德堡博物馆馆长符可思博士在其《中国风》一文中认为，中国瓷器对“洛可可”风格的影响是十分明显的，其大致表现在四个方面：（1）气氛轻松、自由（这是景德镇明末青花中常体现出的感觉）；（2）不规则的线条追求类似景德镇青花瓷的随意性；（3）画花边、图案的边脚装饰，这是从中国瓷器中所学到的；（4）用线时追求写意性，这是欧洲历史上没有过的，也是受景德镇明末青花瓷的影响。

中国瓷器的输出影响了不少国家的文化和艺术，同时大量外国人到中国来定购瓷器，他们一方面接受了当时中国陶瓷精彩的技艺，另一方面也按照他们本国人的文化风俗和欣赏习惯对中国陶瓷艺人提出了自己的要求，甚至带来已设计好的样品，他们的艺术趣味影响了中国陶瓷的创作方式，以至于形成了众多中外合流的陶瓷作品——有的瓷商，本身就是艺术家，如18世纪末的英国珐琅艺术家詹理斯和画家奥尼乐等，就不断地变化着设计样式，委托东印度公司带到景德镇定制；瑞士东印度公司则有自己的设计师，如传教士、艺术家普雷托就是专门为该公司在中国定制瓷器设计图稿的……西方人所喜爱的金银器、玻璃器、陶瓷的造型和式样，很多都直接被景德镇的陶工们所采用，如景德镇从清代一直延续至今还在出口的咖啡具、茶具、配套餐具、宽边平盘、薄胎皮灯、瓷板画等。

在外来定制的瓷器制品中，不同的国家有不同的审美要求，有的要求以立体写实手法绘制花卉、人物、风景、建筑等画面装饰瓷器，有的希望将一些纪念性的徽章描绘在瓷器上，这些西洋风格的绘画和图案装饰，潜移默化地渗透到景德镇的传统陶瓷艺术中，悄悄地影响和改变着景德镇陶瓷的传统风格。这些外来文化的影响不仅体现在陶瓷器的造型、色彩和装饰纹样上，也为中国人了解外部世界推开了一扇窗。

明青花镶口盖窄颈瓶，葡萄牙里斯本梅德罗及阿尔梅达基金会藏。

工匠的学问

对于陶瓷工艺有传承价值的，除了历代的传世品，当然还少不了陶瓷专著。

元人蒋祈写的《陶记》，虽然只有短短的1090字，但对景德镇瓷器的制作工艺、工匠分工、产品类分、择地外销、赋役课税、官吏的“重取于民”、商贩盘剥等，都有记载。从其内容看，作者不仅熟悉陶瓷制作，还十分同情陶工被剥削被束缚的困境；字里行间多有可资查考的时代特点。《陶记》不仅是中国最早一部记述景德镇陶业的专书，而且蒋祈也被中国陶瓷业界评价为历史上第一个“知陶”的人。

其后，值得一提的文献是宋应星（1587—1666）所著的《天工开物》。这是一部脱稿于明末，包括有农业和手工业技术的百科全书，其中专有《陶埏》一卷，以主要篇幅介绍了景德镇瓷器成型的工序，依次叙述原料、澄泥、造坯、画花、施釉、装匣钵、举火烧窑等项作业。对于陶车和陶窑的构造还写出定量记述，画出图样，可以说相当详备。

接下来是法国传教士殷弘绪（Pe re D'e ntre c alles）在1712年和1722年写回欧洲的两封信，对于当时远远逊色于中国瓷器艺术的欧洲来说，确有“解密”之功。他着眼于科学技术，用比较的方法，向欧洲人介绍十八世纪初期景德镇瓷器的组成、品种、制作方法，包括釉的使用及其各种性质、彩瓷的颜色和彩饰艺术、控制烧成温度的方法等。在用料多少，窑炉容量以及工具设备的长度、宽度和厚度方面，也有较精确的数字记录。

而第一个全面记述“陶之业”与“陶之人”而堪当“陶瓷美术家”之名的则首推清人唐英（1682—1757）。唐英，字俊公，自号陶成居士，1682年生于沈阳，祖籍正白旗下满洲人，世居沈阳。16岁入值满清皇室的内务府，凡是康熙皇帝“车驾所临”，他无不

1 取土

2 练泥

3 镀匣

4 修模

5 洗料

6 做坯

7 印坯

8 旋坯

9 画坯

10 荡釉

11 满窑

12 开窑

13 彩器

14 烧炉

《景德镇陶录》中记载的制瓷工艺流程

陶模

【印花】

印花即将刻有花纹的印模，打印在未干的陶瓷坯体上，使其呈现出稍为凹凸的装饰花纹，再施釉烧成，呈浅浮雕效果。

【剔花】

又称“剥花”。指在未烧的陶瓷坯体上，挂化妆土或不易流动的生釉，趁其半干时，用刻针勾刻出花纹，然后按照花纹的要求，用刀剔掉纹样外的化妆土和釉，使留下的花纹具有浅浮雕效果。另外，由于使用刻针、刮刀一类工具剔划，产生的刀痕和刻线等具有类似绘画的艺术效果。

【刻花】

指用竹刀或铁刀在未烧的陶瓷坯体上刻划出阴线图案。通过多种刀法的不同运用，在坯体上刻出长短、粗细、宽窄、方圆、深浅以及不同角度和斜面的线条，形成既单纯质朴又丰富多样的纹饰。刻花始于唐代越窑，其碗、盘都有刻花，条纹较粗。刻花常与划花技法相结合使用，故又通称"刻划花"。

【划花】

用竹、骨、铁制的针状和签状工具，在成型后的陶瓷坯股上，划出各种图案的一种陶瓷装饰技法。远在新石器时代的陶器上，就产生了中国最初的划花技艺。常见的划花图案有植物纹、动物纹、鱼藻纹等。

【贴花】

指用模印或捏塑的装饰纹样贴在陶瓷器物的坯股上，再施釉烧成。具有浮雕的装饰作用。早在东汉时的釉陶上已有精美的印模兽相贴花。到了三国与南北朝时的青瓷上有动物、花卉的模印和手塑贴花，均极精妙，以后各代都有佳作传世。

朝夕趋承。他在内廷三十年，学得能诗善画，学问通达。雍正六年（1728年）秋八月，奉命督陶江西，代朝廷管理陶政。他到景德镇后，自问制陶虽是一件很小的差事，但自己对于物料、火候、色釉变化以及造型样式的异同都茫然无知，不知如何下手，于是闭门谢客，悉心钻研陶务，与工匠同吃同住三年，学陶人之本色，探陶人之天地，了解陶人之悲欢离合、眼界胸怀。在充分体察陶工后，化自己为一陶人，跟着工匠学技术，变外行为内行。他还阅读了大量文献典籍，查找有关制瓷的知识，并专门组织人去古窑场作科学考察，捡拾瓷片进行分析研究，从实物着眼，从文献资料着手，竭尽

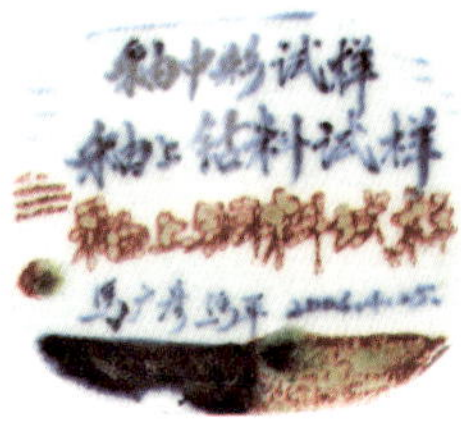

扬州出土的巩县窑“唐青花”釉中彩试烧标本

全力了解前辈的技艺和他们的创造性劳动。

唐英是中国历史上督陶最久的官员。由于他讲求陶法，于泥土、釉料、坯胎、火候都很有心得，在他主持或设计下，景德镇御窑厂进入了自宋代以后的又一个高峰，所出精品瓷器更是洋洋大观，无论是瓷器装饰方法、造型设计，还是制瓷技术都真正做到了集以往陶艺之大成。他在瓷器颜色釉方面仿古创新的贡献无人能与之比肩，仅高、低温颜色釉就有57种之多；在造型与纹样装饰方面，他能做到在一个地区一个窑场既仿前朝佳器，又仿各地名窑作品，彩绘“山水人物花鸟写意之笔，青绿渲染之制，四时远近之景”无所不有，而且“规抚名家，各有原本”，还每每以玲珑、新奇取胜，不仅满足艺术的要求，而且也满足了皇家的欲望和追求，制作水平和质量都达到了前所未有的高度。因此，唐英督陶28年间景德镇烧出的瓷器世称“唐窑”，是公认的“瓷中珍品”。

所谓工匠的学问也是经验的学问。唐英致力于制瓷工艺的总结和改革，在中国陶瓷史上第一个建立起了最完整的工艺流程并编绘出了《陶冶图说》，对中国古代制瓷工艺作了最完整的科学记录。他先后编写的《陶务叙略》、《陶成纪事》、《瓷务事宜谕稿》等著作，为我们留下了一份宝贵的财富。

当代陶瓷艺术

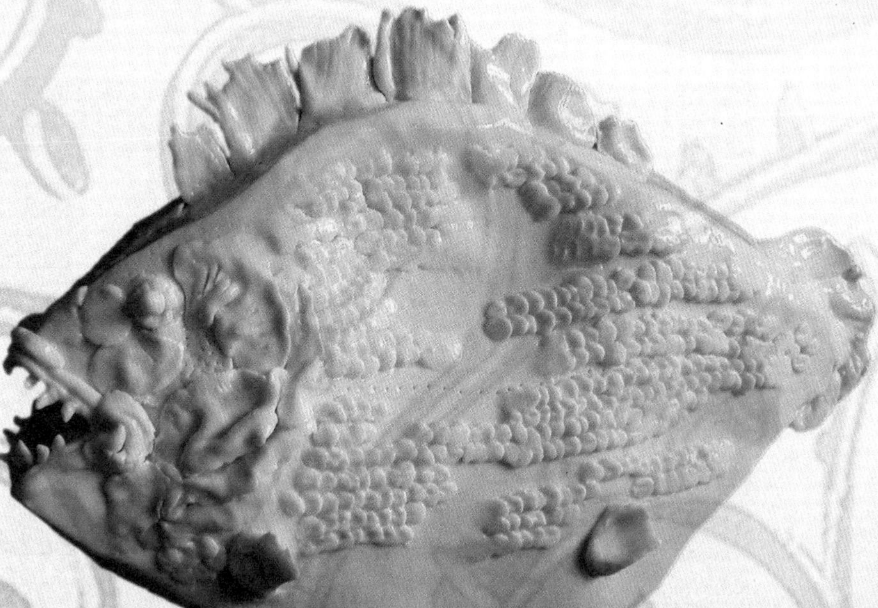

当工业文明进入中国以后，许多传统的产业都发生了质的变化，由浑然一体的传统手工业结构，分化出了许多新的专业领域。今日中国的陶瓷业不再是手工艺的一霸天下，它被分解成工业陶瓷、建筑陶瓷、日用陶瓷、艺术陶瓷、现代陶艺，工业陶瓷、日用陶瓷、建筑陶瓷成为了中国现代陶瓷业的支柱，而传统手工艺陶瓷则成为传承中国陶瓷艺术传统的一个重要领域。广东的潮州、山东的淄博、湖南的醴陵、河北的唐山等都是中国新兴的日用瓷产地；广东的佛山则是建筑陶瓷集中的产地。一些传统的瓷区，如江西的景德镇、江苏的宜兴、浙江的龙泉、福建的德化、广东的石湾等则是以传统工艺陶瓷的发展为主，生产艺术陶瓷。另外还有些在历史上很有名但后来中断了发展的瓷区，近几年由于市场的需要，又开始恢复了传统手工艺瓷的生产，如传统的汝窑、钧窑、官窑、耀州窑、磁州窑等。同时，在艺术院校的引领和倡导下，现代陶艺的创作成为中国当代陶瓷艺术发展中的热点。

虽然中国是一个有着悠久历史的陶瓷大国，曾在历史上引领世

陶艺作品《化石2004—1》（作者：陆斌）

界陶瓷艺术的新潮流，但在新的工业化的时代，现代日用瓷设计的理念和标准却来自西方；摒除实用、为艺术而艺术的现代陶艺在西方的发展，也不过半个多世纪，但对中国陶艺界的影响却是巨大的。

陶艺作品《猫头鹰》（作者：周国桢）

20世纪80年代以来，中国的传统手工艺陶瓷有了长足的发展。最早是源于海外市场的需求，世界许多国家的人们对中国陶瓷的美留下了深刻的印象，即使买不到或买不起原作珍品，也希望能买到仿制品。一时间，许多传统的瓷区都兴起了生产仿古瓷的热潮。同时，中国的经济起飞也改善了中国人的生活环境，家庭的布置、装修乃至个人收藏，都对中国传统瓷器产生大量需求。仿古虽然不是创造，但其却使许多濒临消失的传统技艺又得到恢复，并出现了许多著名的陶瓷艺人，他们不仅在市场上得到了认可，国家也给予了他们很高的社会地位。

现代陶艺推出的新的艺术理念，不仅是展示了其自身发展的活力，而且推动了其他陶瓷艺术领域的发展，并衍生出环境陶艺、生活陶艺的概念，将现代艺术应用到现代人的生活中。其中，环境陶艺属于公共艺术范畴，正在被越来越多地应用到城市建设中，陶艺雕塑、陶艺壁画和建筑墙面上的陶瓷肌理装饰，打破了城市单一的水泥和玻璃幕墙一统天下的局面，色泽丰富的陶瓷材料以其泥土的质感和自然的亲和力，为现代人的生活注入了一股清新的空气，为现代城市塑造出一道道新的人文风景。生活陶艺将原本只属于少数专业人士的陶瓷艺术带到普通人中间，随着DIY热潮的兴起，学习

生命之光”——为韩国汉城麦粒美术馆所创作的环境陶艺（作者：朱乐耕）

陶艺不仅为普通人的休闲时光增添了情趣，也让更多的人参与到陶瓷创作中来，人们用自己的作品装点着自己的生活，现代陶瓷艺术与现代人的生活方式更加亲近，也为陶瓷艺术开辟了一个充满创造力的艺术空间。

陶艺作品《狰》（作者：李正文）

在艺术教育领域，全国有54所高校都开设了陶瓷艺术专业，设置现代日用陶瓷、现代陶艺、传统陶瓷工艺等课程。许多院校除招收陶瓷艺术专业的本科生之外还招收硕士、博士研究生。在江西的景德镇、湖南的醴陵、山东的淄博、广东的潮州、福建的德化等著名的古瓷区，还兴起了建立陶瓷学院的热潮。

中国各陶瓷产区多样性的文化传统，多样性的人文景观、多样性的陶瓷材料及陶瓷手工技艺，深深地吸引了世界许多国家的陶艺家。尤其是景德镇成为世界陶艺家们向往和“朝圣”的地方，因为那里是高岭土的发源地，曾经是世界陶瓷艺术的中心，即使到今日，其特殊的陶瓷历史和文化，特殊的制瓷手工艺，对世界陶艺家来说仍然具有强大的吸引力。

陶艺的历史就是经验的积淀史。从原始陶器到异彩纷呈的各种瓷器，陶瓷艺术的奥秘深藏在历代承传的手工模式中，更神奇地深藏在从配料、拉坯、成型、装饰到烧制的个体经验之中。中国的现代陶瓷艺术，既是最古老、最传统的，同时又是最年轻的和最现代的。说其古老，是因为陶艺在中国与中国画一样，它的原则、法规、模式、风格、内涵受到整个文化内涵与形态的制约；说其年轻是因为无论是工业化的日用瓷设计，还是现代陶艺的理念与创作手法，都是来自于西方工业革命

的浪潮，并非是传统的延续。中国的现代陶艺正从闭门独户的生产作坊走出来，汇入到中国当代艺术活跃的大格局中，这个从传统走向现代、从工艺生产走向独立创作的过程正体现着越来越浓厚的国际化趋势。

附录：中国历史年代简表

旧石器时代	约170万年前—1万年前
新石器时代	约1万年前—4000年前
夏	公元前2070年—公元前1600年
商	公元前1600年—公元前1046年
西周	公元前1046年—公元前771年
春秋	公元前770年—公元前476年
战国	公元前475年—公元前221年
秦	公元前221年—公元前206年
西汉	公元前206年—公元25年
东汉	公元25年—公元220年
三国	公元220年—公元280年
西晋	公元265年—公元317年
东晋	公元317年—公元420年
南北朝	公元420年—公元589年
隋	公元581年—公元618年
唐	公元618年—公元907年
五代	公元907年—公元960年
北宋	公元960年—公元1127年
南宋	公元1127年—公元1279年
元	公元1206年—公元1368年
明	公元1368年—公元1644年
清	公元1616年—公元1911年
中华民国	公元1912年—公元1949年
中华人民共和国	公元1949年成立